与幼儿一起发现

幼儿园探究式科学主题活动示例

李睿 邓泰初 / 主编

 中国出版集团 现代出版社

图书在版编目(CIP)数据

与幼儿一起发现：幼儿园探究式科学主题活动示例 /
李睿，邓泰初主编. — 北京：现代出版社，2021.3

ISBN 978-7-5143-9027-8

Ⅰ.①与… Ⅱ.①李… ②邓… Ⅲ.①活动课程—教
学研究—学前教育 Ⅳ.①G613

中国版本图书馆CIP数据核字（2021）第040155号

与幼儿一起发现：幼儿园探究式科学主题活动示例

作　　者　李　睿　邓泰初

责任编辑　张桂玲

出版发行　现代出版社

地　　址　北京市安定门外安华里504号

邮政编码　100011

电　　话　010-64267325　64245264

网　　址　www.1980xd.com

电子邮箱　xiandai@cnpitc.com.cn

印　　制　北京政采印刷服务有限公司

开　　本　710mm×1000mm　1/16

印　　张　10.5

字　　数　200千

版　　次　2022年4月第1版　　2024年1月第2次印刷

书　　号　ISBN 978-7-5143-9027-8

定　　价　45.00元

编 委 会

主　编：李　睿　　邓泰初

编　委：邝美轩　　曾若萌　　黎欢仪

　　　　林丹媛　　黎家欣　　谢路缘

目录
CONTENTS

植物篇

动 物 篇

生活用品篇

植物篇

示例一：番茄的甜蜜收获

（本示例适合大班）

一、探究缘起

水果餐时间，曦月咬了一口小番茄后，看了一眼，对旁边的同伴说："小番茄里面有绿色的小籽哦！"同伴们围过来想看个究竟，小番茄瞬间成了幼儿关注的焦点。大家议论着："这个籽是种子吗？可以种出小番茄吗？我们去试一试？""你们去试一试吧！"在征得老师的同意后，幼儿到自然角将番茄籽埋到土里。

幼儿把番茄籽放到土壤里

餐前餐后，幼儿去自然角浇水，观察小番茄籽的变化。当看到嫩芽冒出时，他们惊喜道："发芽了！"随后，一幼儿发出疑问："这真的是小番茄吗？"老师说："我们一起等它长大吧！"每日来园，幼儿都主动去关注小番茄的变化。

根据幼儿对番茄的兴趣，老师购买了小黄番茄、黑珍珠番茄、红矮生番茄、樱桃番茄、千禧番茄五种番茄苗和种子，放在自然角供幼儿种植探索。

二、探究目标

（一）认知

（1）了解土培、水培的种植方法。

（2）了解番茄的种类、结构、生长环境、变化规律、自然现象等。

（二）技能

（1）初步掌握播种、间苗、浇水、施肥、扎架、绑枝、除虫、采摘等种植技能。

（2）能主动探究、操作、实验、观察、比较、推理等，能够发现问题，尝试用不同的方法解决番茄在生长中出现的问题。

（3）用语言表达自己对番茄的发现，运用绘画、手工、音乐等艺术形式表现自己对小番茄生长以及丰收的感受。

（三）情感

（1）喜欢参与番茄种植活动，产生对小番茄生长变化的探究欲望。

（2）大胆、自信地质疑番茄的生长现象，积极提出问题，说出自己的想法，并懂得尊重他人的经验观点，用合作的态度共同学习。

（3）关心、爱护植物，有责任意识，体验番茄丰收的快乐，尊重劳动成果。

三、探究网络

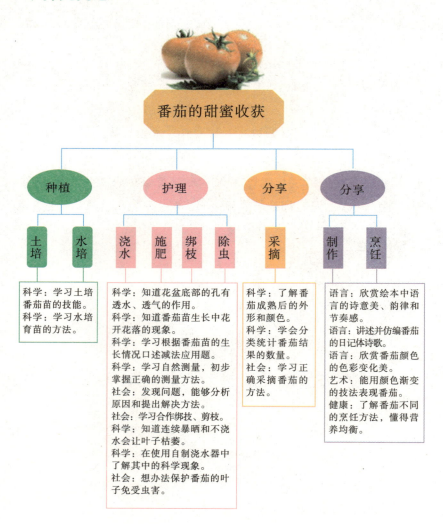

番茄的甜蜜收获

- **种植**
  - 土培
  - 水培

  科学：学习土培番茄苗的技能。
  科学：学习水培育苗的方法。

- **护理**
  - 浇水
  - 施肥
  - 绑枝
  - 除虫

  科学：知道花盆底部的孔有透水、透气的作用。
  科学：知道番茄苗生长中花开花落的现象。
  科学：学习根据番茄苗的生长情况口述减法应用题。
  科学：学习自然测量，初步掌握正确的测量方法。
  社会：发现问题，能够分析原因和提出解决方法。
  社会：学习合作绑枝、剪枝。
  科学：知道连续暴晒和不浇水会让叶子枯萎。
  科学：在使用自制浇水器中了解其中的科学现象。
  社会：想办法保护番茄的叶子免受虫害。

- **分享**
  - 采摘

  科学：了解番茄成熟后的外形和颜色。
  科学：学会分类统计番茄结果的数量。
  社会：学习正确采摘番茄的方法。

- **分享**
  - 制作
  - 烹饪

  语言：欣赏绘本中语言的诗意美、韵律和节奏感。
  语言：讲述并仿编番茄的日记体诗歌。
  语言：欣赏番茄颜色的色彩变化美。
  艺术：能用颜色渐变的技法表现番茄。
  健康：了解番茄不同的烹饪方法，懂得营养均衡。

四、环境创设

探究来源

番茄种植区

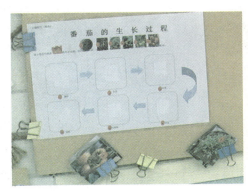

操作墙

记录墙

探究实录

探究实录

五、家园联系

❤温馨的亲子互动❤

早餐后，孩子们开始分享自己关于番茄我知道的，我想知道的……

🌷爸爸妈妈们的耐心引导、倾听与记录让孩子们畅所欲言。

🌷爸爸妈妈们帮助孩子们记录问题，我们共同汇总孩子们想要探究的问题，让孩子们可以根据问题在活动中、游戏中观察、动手探究、发现、交流……

收起

亲子调查表（a）

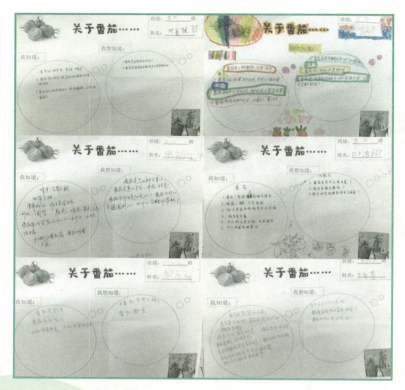

亲子调查表（b）

家长收集泥土

家长收集竹竿

收集关于番茄的绘本

六、活动设计

∽ 活动一：种番茄苗 ∽

领域：综合。

实施途径：集体探究。

活动目标：

（1）知道番茄苗的外形特征，可以在春天种植。

（2）会正确使用一些简单的种植工具：铲子、喷壶等，初步学会种植、照料番茄苗的方法。

（3）通过制作番茄牌，产生保护、爱护植物的情感。

活动准备：

（1）五种番茄苗，每种六棵。

（2）铲子、喷壶、锄头、铁锹等工具，人手一个已经切割好的大矿泉水瓶，适量泥土。

（3）记号笔、卡纸。

活动过程：

（1）观察番茄苗（叶子、茎、根）。

（2）师幼共同整理种植的花盆。

①这泥土适合种吗？为什么？先要干什么？该用什么工具？

②观看老师的操作步骤并认识铲子、锄头等工具。

（3）学习土壤种番茄苗的技能。

①泥土整好后，怎样下种呢？为什么？

②知道坑既不能深，也不能浅。

③幼儿种植，教师观察指导。

（4）设计番茄牌。

番茄牌的设计

✿ 活动二：水培育番茄苗 ✿

领域：科学。

实施途径：区域探究。

关键经验：

（1）了解什么是水培以及水培的方法。

（2）通过水培育苗实验，提高动手能力。

材料提供：

水培步骤视频、育苗纸、有孔的育苗盘和对应的盖子、喷壶、玻璃瓶、番茄种子、棉花、营养液。

教师指导：

（1）教师示范水培育苗的方法：浸种—在育苗盘上铺好育苗纸—喷湿—铺泡好的种子—放在阴凉处—盖上盖子遮光—每天喷水通风—等待发芽。

（2）让幼儿边看视频边操作。

（3）提醒幼儿每天喷水通风，待芽长高后，移植到塞有棉花的玻璃瓶中，浇上适量的水，并给予适量的营养液。

了解水培和水培的方法

❧ 活动三：花盆里的水珠 ❧

领域：科学。

实施途径：区域探究。

关键经验：

（1）知道花盆底部的孔有透水、透气的作用。

（2）能用儿童电钻为花盆打孔。

材料提供：

儿童使用的电钻、大头针、现成的花盆、自制的花盆。

教师指导：

（1）吸引幼儿观察花盆里满是水珠的现象，引导幼儿提出问题。

（2）让幼儿对比观察现成的花盆与自制的花盆，发现其中的不同，并提出改进的方法。

（3）教师示范使用电钻打孔的方法，提醒幼儿注意安全。

幼儿观察花盆里的水珠

活动四：番茄苗的花开花落

领域：数学。

实施途径：集体探究。

活动目标：

（1）知道番茄苗生长中花开花落的现象。

（2）学习根据番茄苗的生长情况口述减法应用题。

（3）增加口语表达能力和思维的灵活性，喜欢数学。

活动准备：

（1）番茄苗的观察日记。

（2）笔、纸、算式题卡若干。

活动过程：

（1）观察番茄苗的生长情况并记录下来。

（2）翻阅番茄苗的观察日记。

师：这盆番茄苗上的花发生了什么事？（少了一朵）

（3）教师通过幻灯片，放大出示两页观察日记。

师：图片上有一件事情，还有两个数、一个问题，谁愿意把图片上的事说给小朋友听？

（4）让幼儿观察图片上的内容，自编口述应用题，并列算式。

幼儿：番茄本来开了4朵花，掉了1朵，番茄还有几朵花？4−1=3。

（5）教师根据幼儿口编的减法应用题，向幼儿讲解编减法应用题的方法，并让幼儿练习。

幼儿记录番茄苗的花开花落

❧ 活动五：量量番茄苗的身高 ❧

领域： 科学。

实施途径： 区域探究。

关键经验：

（1）通过实践学习自然测量，初步掌握正确的测量方法。

（2）知道量具的长短与测量的结果有关。量具越长，测量的次数越少；量具越短，测量的次数越多。

（3）通过测量直观地感受番茄苗的生长变化。

材料提供：

（1）直尺、皮尺、卷尺、三角尺等。

（2）生活中的物品替代，如绳子、纸条、回形针、扭扭棒、水彩笔、玩具等。

（3）记录单、笔。

教师指导：

（1）选择直尺时，注意提醒幼儿插在番茄苗旁或固定在番茄苗后面的墙面，幼儿直接观察并标注番茄苗的身高和测量日期。

（2）选用绳子、纸条、回形针、水彩笔、玩具等日常用品测量番茄苗身高，也可提醒幼儿用上述工具测量番茄苗某部分的高度，如番茄苗的茎叶。

（3）延伸开展"比一比谁的番茄苗长得最高""哪种番茄苗长得高""想一想为什么有的番茄长得高"等活动。

幼儿量番茄苗的身高

活动六：番茄苗断了

领域：社会。

实施途径：集体探究。

活动目标：

（1）根据番茄苗断的现象，能够分析原因和提出解决方法。

（2）学习合作用竹子、扎带、绳子等材料为断掉的番茄苗绑枝、剪枝。

活动准备：

竹子、扎带、绳子、剪刀。

活动过程：

（1）教师在电脑上出示"番茄苗断"的照片，组织幼儿讨论"为什么""怎么办"。

（2）根据解决的方法收集材料和工具。

（3）教师示范绑枝的方法。

（4）幼儿合作绑枝。

（5）幼儿把断掉的枝用剪刀剪掉。

（6）提醒幼儿每日关注绑枝和剪枝的番茄苗的生长情况。

了解番茄苗的绑枝、剪枝（a）

了解番茄苗的绑枝、剪枝（b）

～ 活动七：叶子枯萎了 ～

领域： 科学。

实施途径： 集体探究。

活动目标：

（1）知道连续的暴晒和不浇水会让叶子枯萎。

（2）能够自制自动浇水器，在探索中知道"洞大的流得多又快，洞小的流得少又慢""瓶盖拧紧，水不会流出；打开盖子，水就会流"。

（3）乐于随着发现不断地参与探索，体验发现的乐趣，激发探究的欲望，主动分享自己的成果。

活动准备：

大头钉、剪刀、矿泉水瓶、每人一张记录纸、笔、水盆、绳子。

活动过程：

（1）教师在电脑上出示"叶子枯萎"的照片，组织幼儿讨论"为什么""怎么办"。

（2）出示大的方案表格，师幼共同记录"预设的想法"与"材料的选择"。

（3）根据大家提出的方法寻找材料和工具：大头钉、剪刀、矿泉水瓶。

（4）幼儿探索自制浇水器的方法。

（5）将做好的浇水器用绳子绑在番茄苗里的竹子上。

用自制工具给番茄苗浇水

活动八：番茄大战毛毛虫

领域： 综合。

实施途径： 集体探究。

活动目标：

（1）敢于大胆猜测是谁吃了番茄苗的叶子。

（2）想办法保护番茄苗的叶子免受虫害。

（3）能用绘画的方式创编《番茄大战毛毛虫》的故事。

活动准备：

洗衣粉、精油、水、小喷壶、杀虫剂、笔和纸。

活动过程：

（1）幼儿发现毛毛虫，请幼儿说谁吃了叶子。

（2）教师提问，请幼儿想办法除掉虫子。（杀虫剂）

（3）教师出示洗衣粉、精油和水，提出自制杀虫水。

（4）请幼儿分组混合搅拌洗衣粉、精油和水，然后倒进小喷壶里。

（5）请幼儿喷洒番茄苗叶面。

（6）请幼儿用绘画的方式创编《番茄大战毛毛虫》的故事。

（7）请幼儿在集体面前讲述故事。

幼儿观察毛毛虫

幼儿绘画《番茄大战毛毛虫》（a）

幼儿绘画《番茄大战毛毛虫》（b）

活动九：献给番茄的诗

领域： 语言。

实施途径： 集体探究。

活动目标：

（1）欣赏绘本中语言的诗意美、韵律和节奏感。

（2）结合番茄苗的观察日记，能用恬静、舒缓的语气讲述并仿编日记体诗歌。

（3）初步产生热爱生活、喜欢幻想的美好情趣。

活动准备：

《当青草绿变成番茄红——献给四季的诗》绘本、每人的番茄苗观察日记本、记录表、手机录音机。

活动过程：

（1）欣赏绘本《当青草绿变成番茄红——献给四季的诗》。

（2）跟着教师一起念诗，感受语言的诗意美、韵律和节奏感。

（3）出示记录表，分析诗的结构。

（4）请幼儿念自己喜欢的诗句。

（5）教师示范创作《献给番茄的诗》。

（6）请幼儿结合自己的观察日记本，采用日记形式创编诗句，教师用手机录音机录下来。

（7）在集体面前展示幼儿的创作成果。

跟着教师学习《献给番茄的诗》

活动十：果实宝宝换新衣

领域：艺术。

实施途径：区域探究。

关键经验：

（1）欣赏、感受番茄颜色的色彩变化美。

（2）能用语言描述番茄的渐变过程。

（3）尝试用颜色渐变的技法表现番茄。

材料提供：

变色的番茄、颜料、笔。

教师指导：

（1）请幼儿观察番茄的颜色并用语言描述，如"番茄上面是橙色，下面是红色"。

（2）教师示范颜色渐变的技法，选用颜料展现番茄颜色的深浅变化。

幼儿观察果实宝宝的新衣服

～ 活动十一：果实宝宝有多少 ～

领域：数学。

实施途径：集体探究。

活动目标：

（1）学习分类和统计，能通过图表感知番茄数量的多少。

（2）通过分工合作，学会分类统计番茄的数量。

（3）体会统计在生活中的应用，并用统计解决简单的实际问题。

活动准备：

教师统计图、幼儿记录纸（5张）、彩笔、教师条形统计图。

活动过程：

（1）根据自己种植的番茄种类，分成小黄番茄、黑珍珠番茄、红矮生番茄、樱桃番茄、千禧番茄5个小组。

（2）教师请小组商量一下谁负责数数量、谁负责汇总、谁负责记录、谁负责核对。

（3）幼儿实地数数、汇总、记录、核对。

（4）各组分享结果，师幼共同在统计图上汇总数量、比较多少。

（5）教师出示条形统计图。

师：和统计图一样吗？哪里不一样？

师：这张图上都记录了哪些番茄？它们有多少？你是怎么知道的？谁的数量最多？谁最少？为什么？

（6）小结：这种统计方法既能让我们一眼就看出番茄的种类和数量，还能很快知道哪种番茄长得最多、哪种最少。是不是很方便？

比比谁的果实宝宝多（a）

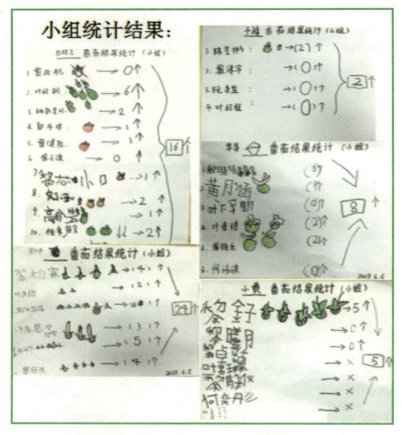

比比谁的果实宝宝多（b）

❧ 活动十二：番茄大丰收 ❧

领域：社会。

实施途径：集体探究。

活动目标：

（1）了解番茄成熟后的外形特征。

（2）学习正确采摘番茄的方法。

（3）品尝劳动果实，享受丰收的喜悦。

活动准备：

剪刀、篮子、种植劳作的照片。

活动过程：

（1）翻阅种植劳作的照片，师幼共同回顾整个过程，请幼儿分享自己的心得。

（2）看番茄，一起来到番茄区旁观察。

提问：番茄成熟了吗？该怎样收获番茄？

（3）采摘番茄。

① 尝试用自己的方法采摘番茄。

② 学习用正确的方法采摘番茄。

（4）洗番茄。

（5）尝番茄，品尝自己的劳动果实的香甜。

番茄宝宝大集合

❧ 活动十三：番茄烹饪大聚会 ❧

领域： 健康。

实施途径： 亲子探究。

活动目标：

（1）了解番茄不同的烹饪方法。

（2）以"吃健康"为话题，明白营养均衡的重要性，养成良好的膳食习惯。

（3）通过亲子合作创意烹饪番茄，了解常见食物的加工流程，体验厨艺的乐趣。

活动准备：

班级会场布置、桌布、餐碟碗筷。

活动流程：

（1）教师发出亲子制作的通知，制作完成后请带到班里开展"番茄烹饪大聚会"活动。

（2）家长与幼儿上网搜索番茄不同的烹饪方法，结合自家的厨具情况，选择自己感兴趣的烹饪方式。

（3）家长与幼儿准备烹饪的厨具和材料。

（4）亲子合作烹饪。

（5）带回班里分享。

家长和孩子合作创意烹饪番茄

七、探究流程

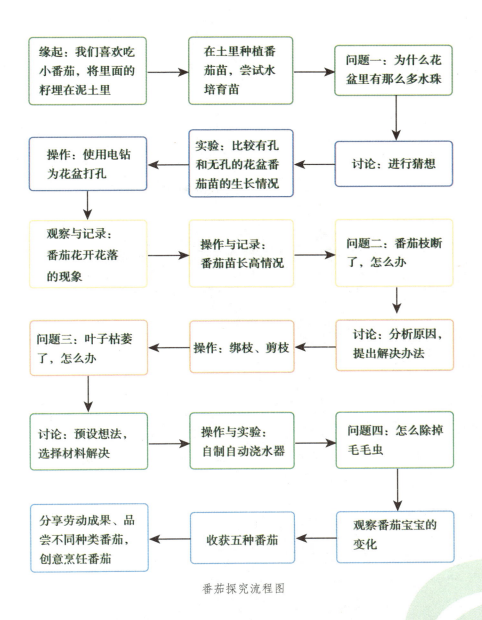

缘起：我们喜欢吃小番茄，将里面的籽埋在泥土里 → 在土里种植番茄苗，尝试水培育苗 → 问题一：为什么花盆里有那么多水珠

操作：使用电钻为花盆打孔 ← 实验：比较有孔和无孔的花盆番茄苗的生长情况 ← 讨论：进行猜想

观察与记录：番茄花开花落的现象 → 操作与记录：番茄苗长高情况 → 问题二：番茄枝断了，怎么办

问题三：叶子枯萎了，怎么办 ← 操作：绑枝、剪枝 ← 讨论：分析原因，提出解决办法

讨论：预设想法，选择材料解决 → 操作与实验：自制自动浇水器 → 问题四：怎么除掉毛毛虫

分享劳动成果、品尝不同种类番茄，创意烹饪番茄 ← 收获五种番茄 ← 观察番茄宝宝的变化

番茄探究流程图

八、探究纪事

（一）番茄历险记

随着天气的变化，番茄经历了不同的困难，新的疑问又产生了……这些问题又将带领幼儿走向新的探究征程，在探究中发现问题、分析问题和解决问题，并了解番茄生长过程及周围环境之间的联系。

问题一：瓶身为什么满是水珠？怎么办？

3月25日，幼儿发现自制的小番茄盆里含有大量水珠。观察自制的花盆与买来的花盆，幼儿发现买来的花盆底下有洞，而自制的花盆没有洞。

含有大量水珠的自制小番茄盆

幼儿猜有洞是为了方便多余的水流出来，没有洞的话，小番茄会被闷死或淹死，于是幼儿进行对比实验。

无洞花盆和有洞花盆的对比（a）

无洞花盆和有洞花盆的对比（b）

4月22日，风雨来了，无洞花盆里积满了水。

积满了水的无洞花盆

　　于是，幼儿一致认为"花盆一定要打洞"，便拿起了木工坊的儿童电钻在花盆底下打洞。再次遇到暴风雨，自制的花盆再也没有积水，多余的水从洞里排出来了。

给自制小花盆打洞

问题二：经历暴风雨后，折断的番茄苗会怎么样？

观察到雨后番茄苗"折断"的现象，老师组织幼儿进行谈话讨论。老师问："番茄苗为什么会折断？"幼儿说："因为小番茄长得太高了支撑不住。""风太大把它吹折了。"老师继续问："番茄苗折断了会怎样？"幼儿说："会枯萎。""会长不出果子。"老师问："怎么保护番茄苗？"幼儿说："用袋子把它盖住。""把一把雨伞插在它旁边给它遮雨。""把小番茄苗搬进课室里面。"老师问："怎么救这棵折断的小番茄苗？"幼儿说："用一根长一点的棍子把它绑住。""用双面胶把它粘住。""绑多一点绳子。""把折断的部分剪掉让它重新生长。"老师问："把它绑住番茄苗还会活吗？"幼儿说："不会，它没有呼吸还是活不了的……"

观察雨后的小番茄苗

在讨论的过程中，老师以"是什么—为什么—怎么做"的思路来引导幼儿发现问题、分析问题和解决问题。幼儿在教师的指导下，采用换一个位置的方法：太阳直接照到的地方。尝试移植的方法：将番茄苗移植到新的瓶子里，绑枝、剪枝和扎架。

给小番茄枝扎架

问题三：经历假期暴晒的番茄苗，枯萎的番茄苗还能活吗？

放假回来发现泥土干了，叶子也快要枯萎了。教师带领幼儿一起分析问题，鼓励幼儿解决问题。

　　幼儿提出方法：制作自动浇水器。教师鼓励幼儿到区域寻找材料与工具。一些幼儿用棉线和矿泉水瓶，他们比较谁流得更慢。一幼儿提出"拿一个矿泉水瓶，然后钻个洞，水会慢慢流出来"，其他幼儿也赞同并加入其中。

自制浇水器

　　自动洗水器制作完后，幼儿验证能否成功，发现"洞大的流得多又快，洞小的流得少又慢"，还发现"瓶盖拧紧，水不会流出；打开盖子，水就会流"。

实验自制的浇水器

幼儿一边记录，一边交流自己的制作，并发现"在瓶底钻小洞就好，放假的时候就要把瓶盖打开"，最后将劳动成果"自动浇水器"固定在支架上，在日常养护中感受劳动后的成就感。

幼儿记录劳动成果

最后，幼儿将自制的浇水器固定在番茄苗上。

利用自制浇水器开始浇水

　　教师要发现幼儿原有的好奇心，依从幼儿的好奇心，提供适当的探索环境并予以引导，培养幼儿像自然科学家一样的精神和态度，使他们学习如何发现和找寻答案。在共同探究和互动的过程中，幼儿开始建构有关事物的经验与概念。

　　（二）番茄与诗重逢

　　在种植番茄的过程中，幼儿坚持每日"写"观察日记，与番茄苗一起经历了发芽、长高、开花、花落、暴风雨、干旱、结果等，伴随有兴奋、激动、喜悦、担忧、焦虑、成就感等情感。

观察并记录

　　于是，番茄苗的观察日记成了幼儿创作日记体诗的重要载体。我们首先一起欣赏绘本《当青草绿变成番茄红》，这本图画书用诗意的语言、日记的形式、美丽的插图，描绘出幼儿所经历的春、夏、秋、冬四季美景，对四季的色彩变化做了非常细腻的诠释。教师带领幼儿模仿其中诗意的语言、日记的形式讲述番茄的成长。

献给番茄的诗（一）

柏霖（6岁）

4月11日

你结的果子圆圆的、小小的，

很可爱，

我看着你，

我很幸福。

4月16日

天下着小雨，

风轻轻地吹到你身上，

你舒服地伸了一个懒腰。

4月22日

暴风雨来了，

你感觉快要死了，

我很难过。

柏霖观察得很细致，番茄的形状、番茄苗被风吹动的样子描写得很形象，发挥着自己的想象力。同时，番茄苗的每个变化都影响着他的心情，幸福、惬意、难过，非常直接地表达出来了。教师通过提问，让幼儿发挥想象力，适时地示范，引导幼儿运用比喻、拟人等修辞用口语描述。

献给番茄的诗（一）

献给番茄的诗（二）

曦月（6岁）

4月9日

番茄长得太高了，

弯倒了，

我给它插根竹子固定，

这样，

就会慢慢地长大。

4月22日

暴风雨来了，

番茄被吹断了，

我很伤心，

我想要救它，

移到里面，

帮它固定。

4月25日

晒晒太阳，

浇浇水，

最后活了。

曦月的诗描述了番茄枝弯倒、被吹断的情景，写出了自己的心情，还描述了自己为番茄做的"插竹子""绑枝"。

献给番茄的诗（二）

幼儿有感而发，看到什么就说出来，虽然在成人的眼里缺乏诗意，语言不够美，但这是极好的开始，教师要做好榜样。

九、探究评价

（一）科学探究

1. 好奇心与探究兴趣

幼儿直观地看到了"花开花落""枯萎""折断"等现象，喜欢刨根问底，会主动提出自己的解决方法，主动用观察、实验、操作等方式寻找答案，并非常享受发现—分析—解决问题的乐趣。

2. 探究过程与探究能力

幼儿持续了一个学期全面、系统地观察番茄的成长过程，发现其前后的变化；能灵活运用观察、实验、调查等方法探寻问题、解决问题。在这一过程中，幼儿的概括、分析、评判、推理能力有所提高。

3. 工具的使用与探究经验

幼儿会安全使用不同的工具，有铲子、剪刀、锄头、电钻等劳动工具，有尺子、放大镜、秤等探究工具，有喷壶、刷子、扎带等养护工具，体会到了工具给生活带来的便利。

在种植过程中，幼儿积累了环境和植物科学的知识经验，如外形特征、生命周期、生长环境、差异性等。还了解到番茄有不同种类，积累探究和制作的经验，如土培、水培、改造花盆、自制浇水器等。

4. 记录、表征与交流

幼儿时常用语言交流，丰富了词汇，培养了交流观察结果与想法的能力，同时丰富了记录与表征的经验，如在自制浇花器活动中，用图画、数字、符号等图标记录实验过程和结果。

（二）一举多得

1. 健康

锻炼了大肌肉运用与精细动作，提高了身体各部位的协调和控制能力，从而达到了锻炼身体的目的。

2. 语言

幼儿的表征会伴随整个种植过程，包括语言表征、非语言表征。如《献给番茄的诗》体现了幼儿语言表达能力的提升；幼儿每人一本观察日记本，进行了持续的书面表达，培养了初步的前书写技能。

3. 社会

一是幼儿初步养成了播种、浇水、绑枝、施肥、除虫、采摘、制作、烹饪的劳动技能。二是提高了幼儿解决问题的能力。番茄的成长管理遇到了很多问题，如番茄苗被折断了，合作扎架保护番茄。三是培养了幼儿的个性，在萌芽—灌溉—丰收的过程中，无论是暴风雨还是暴晒，幼儿仍然坚持；幼儿通过劳动迎来了硕果累累，激发学习与探究的热情；在认养、照顾番茄的过程中培养了独立性和责任感；幼儿在共同行动中培养了合作能力，剪枯叶、一起摘果子，在活动过程中交流与协调，提高了人际交往能力。

4. 数学认知

幼儿学会了用自然测量的方式测量番茄枝、叶、茎的长度，初步掌握了用尺子标准测量的方法；在小组探究中，积极参与设计和使用图标统计；在实际中运用加减法进行计算；对各种材料简单模式的识别、复制和拓展的能力增强了，如幼儿会想到用大头钉钻孔。

5. 艺术

在感受与欣赏方面，幼儿用自己的语言描述了番茄花和果实的形状、大小、形态、颜色等，如"番茄开出了黄色的小花，闻起来香香的"。欣赏了绘本和美术作品后，向教师和同伴表达了自己的理解与感受；在表现与创造方面，如创编《番茄大战毛毛虫》的故事，通过创编发挥想象力，反映了和可爱的童心。幼儿的画赋予小番茄新形象"小番茄队长""小番茄士兵"……那种轻松和愉悦跃然纸上，让我们看到一群幼儿在玩游戏。他们看着自己的画笑着说："毛毛虫被掉下来的小番茄砸晕了。"演戏的是幼儿，看戏的也是幼儿。

十、探究感想

在虞永平教授多层次、多方面、多主体的"全收获"理念指导下，探究如何促进幼儿全面发展。例如，种植探究在促进智力发展方面可以做得更好，课程是"活"的，课程内容有不同的活动，不同活动中幼儿有不同的变化，不同的环节幼儿有不同的学习经验，教师需要用关系思维加以分析，梳理种植过程中方方面面蕴含的经验，形成种植探究经验体系，更为充分地指导自己的教学实践，同时做到大胆放手，让幼儿与农作物发生互动。在种植番茄的过程中遇到了很多问题，教师要带领幼儿分析问题、解决问题，使幼儿学会主动发现问题，养成分析问题的思路和探究解决问题的习惯。

有一篇文章这样概括：直接地表达自己所观察到的，这是自然与诗的第一层次；把自然与人的生活连接起来，是自然与诗的第二层次；抒发人对自然的情感，是自然与诗的第三层次。最终，我们希望引出人对自然的依恋和发自真心的爱护。对于大班的幼儿，在语言方面，希望孩子们在与自然接触的过程中，走进一个诗性的乐园，让诗意入驻童心，让孩子用眼睛、耳朵、脸庞、小手和脚丫去感受、触摸自然的美好，为此开展的"写"诗活动试图让幼儿用诗意的语言描述番茄的成长，但怎样更深层次地让幼儿感受到色彩、语言的美，需要进一步思考与实践。

示例二：我与爬山虎的一墙故事

（本示例适合大班）

一、探究缘起

今天我们来到了一个"陌生"的地方。

馨予：这里的草地有些高、有些低。

宥燊：有一个长洞洞，也有一个短洞洞。

施乐：小土坡里还有两棵大大的树，秋天来了，有的叶子变黄了。

耀亿：墙壁那里还挂着很多很多的叶子，这也太多了吧！

听到同伴的发现，幼儿纷纷说出自己的想法：

"我觉得它叫……"

"我觉得它叫……"

"我知道,它的名字叫爬山虎。"

初识爬山虎

针对幼儿感兴趣的这个点,我们开始了一段对爬山虎的新认知。

近距离地观察过后,幼儿利用感官进一步认知爬山虎的形状、颜色、味道。

"爬山虎的叶子像爱心的形状。"

"有的爬山虎叶子是三片的,有的是一片的。"

"它的叶子边边上还有小小的刺。"

……

同时幼儿也提出了自己的"十万个为什么":

爬山虎为什么叫"虎"呢?会爬的都是爬山虎吗?还有谁会爬?爬山虎有多高?带着这些问题,我们开启了大二班与爬山虎的一墙故事……

二、探究目标

(一)认知

(1)能够了解爬山虎叶、脚、茎、根、花、果的生长特点与生长规律。

(2)能观察、比较与分析,发现并描述爬山虎生长变化的过程。

(二)技能

(1)能运用辅助材料对爬山虎进行测量与探索。

（2）能尝试运用简单的文字、数字、图画与符号记录爬山虎的生长示意图。

（三）情感

（1）愿意用感官探索与揭秘爬山虎的自然世界。

（2）愿意与他人合作和交流，在交流中分享自己关于爬山虎的经验。

三、探究网络

社会：能够操作体验，验证爬山虎不同的部位是否会发芽的假设问题。
科学：观察爬山虎叶子的颜色变化与季节存在的联系。
科学：知道爬山虎的叶片是均匀排列的，且不重叠。
艺术：积极创作拓印画，进行叶片组合，在操作中检验拓印的方法。
科学：认识爬山虎的脚的黏性与拉力。
语言：能够认真倾听教师讲述，掌握"爬山虎像……因为……"的句型。

科学：能够仔细观察发现，寻找爬山虎的根的位置，观察它的生长环境。
社会：关怀生活环境，尊重生命。
科学：能对攀爬在不同材质上的爬山虎的形态、颜色等进行比较分析。

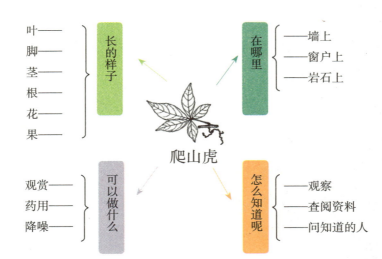

健康：能够了解爬山虎的根茎可入药，能够消肿化瘀。
健康：知道爬山虎还有降温、减尘、减少噪声等作用。

语言：理解画面上的内容与功能，并进行描述。
语言：以肢体语言表达。
语言：以口语参与互动。
科学：能在观察发现中收集自然信息。

四、环境创设

探究来源

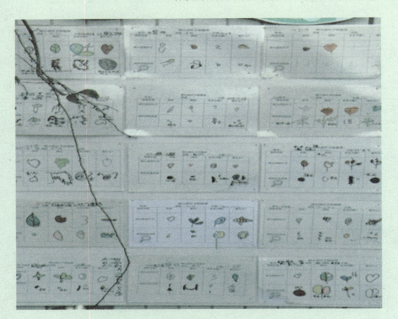

记录墙

在初步认识了爬山虎这种植物的生长特点和外形特征后，孩子们针对"爬山虎的生长方式"这一话题开始了讨论：

猜想1："爬山虎是从上往

猜想2："爬山虎是从下往

根据猜想过程中孩子们也提出了各种验证假设的方法

方法1：我可以去赖赖老师班的阳台找一找，看看爬山虎的根是不是在那

方法2：我想去玲玲老师班的3楼的阳台，那里更高，可能找得到爬山虎的根哦！

方法3：可以拿望远镜来找一找

方法4：可以用放大镜在泥土里找

探究实录（a）

探究实录（b）

探究实录（c）

五、家园联系

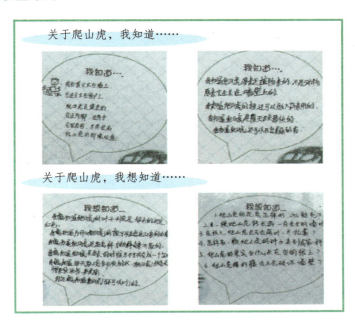

亲子调查表

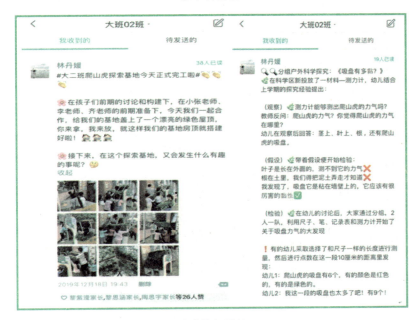

活动花絮反馈

六、活动设计

ꞈ 活动一：谁是爬山虎的种子 ꞈ

领域： 社会。

实施途径： 亲子探究。

活动目标：

（1）能够操作体验，验证爬山虎不同的部位是否会发芽的假设问题。

（2）在操作中检验爬山虎的繁殖方式。

活动准备：

爬山虎的果实、茎干、根、叶子。

活动过程：

（1）幼儿与家长讨论："谁是爬山虎的种子？"

（2）了解爬山虎各个部位生长的特点。

（3）幼儿选择1~2个爬山虎的不同部位，如"果实""茎干""根""叶子"，与家长共同合作进行种植。

（4）在操作中验证爬山虎的繁殖方式，并进行记录。

（5）与小组交流，分享自己的发现。

种植爬山虎

活动二：爬山虎的根在哪儿

领域：科学。

实施途径：区域探究。

关键经验：

（1）能够仔细观察发现，寻找爬山虎的根的位置，观察它的生长环境。

（2）认识爬山虎的根的形态。

材料提供：

放大镜、望远镜、小铲子、剪刀。

教师指导：

（1）引导幼儿初步认识爬山虎的生长特点和外形特征，针对爬山虎的生长方式展开讨论。

（2）根据猜想，幼儿提出验证假设的方法，并在操作中进行条件排除。

（3）寻找爬山虎的根的所在位置。

（4）进一步观察根的形态特征与生长环境并进行记录。

寻找爬山虎的根（a）

寻找爬山虎的根（b）

活动三：叶子的秘密

领域：科学。

实施途径：集体探究。

活动目标：

（1）观察爬山虎叶子的颜色变化与季节存在的联系。

（2）辨别爬山虎叶子的结构与种类。

（3）激发幼儿积极探索的欲望，能相互交流探索的过程。

活动准备：

不同大小的放大镜、记录表、记号笔。

活动过程：

（1）观察爬山虎叶子的颜色变化。

① 教师提问。

师：你观察到的爬山虎叶子有什么不同？为什么？

幼：有绿色的、红色的，有的叶子有两种颜色。

② 寻找出现不同颜色叶子的原因。

（2）感知爬山虎叶子的结构。

① 幼儿以小组为单位进行观察，交流自己的发现。

② 请个别幼儿谈谈自己的发现。

③ 小结：爬山虎叶子由叶肉、叶柄、叶脉组成。

④ 教师结合叶子小结并展示叶子的各部分结构。

（3）寻找不同种类的爬山虎叶子并进行分类。

① 按照叶片数量进行一一对应分类。

② 根据不同的形状进行分类。

探究爬山虎叶子的秘密

活动四：叶片生长的特点

领域：数学。

实施途径：区域探究。

关键经验：

（1）知道爬山虎的叶片是均匀排列的，且不重叠。

（2）能够主动探索影响叶片生长的因素。

材料提供：

不同大小的放大镜、记录表、记号笔。

教师指导：

（1）加深对爬山虎叶子的形状、颜色等特点的认知，更新幼儿对爬山虎叶子结构特点的认知。

（2）观察爬山虎叶子的朝向，并做出假设。

（3）引导幼儿发现爬山虎叶子的分布，探索叶子之间的距离，分析叶子出现不重叠特点的原因。

（4）在比较中探讨影响叶子不重叠的因素并进行记录。

观察叶子生长的特点并记录

❧ 活动五：叶子排列规律 ❧

领域：数学。

实施途径：区域探究。

关键经验：

（1）能够寻找爬山虎叶子向上与向下的排列规律。

（2）在观察、比较中对爬山虎叶子进行进一步探索。

材料提供：

记录表、记号笔。

教师指导：

（1）幼儿选择一片爬山虎叶子作为样本进行观察。

（2）寻找样本叶子向上与向下的叶片排列规律。

（3）引导幼儿利用符号与数字相结合的方式记录排列规律，并标记叶子的数量与颜色。

（4）分享自己寻找到的叶子规律，比一比、看一看，探索同一种植物产生不同结果的原因。

记录叶子的排列规律（a）

记录叶子的排列规律（b）

活动六：神奇的拓印画

领域：美术。

实施途径：集体探究。

活动目标：

（1）用拓印操作检验爬山虎叶子的不重叠性。

（2）积极创作拓印画，进行叶片组合，在操作中检验拓印的方法。

活动准备：

爬山虎叶子、各种颜色的颜料、画笔、画纸。

活动过程：

（1）欣赏拓印画，感受拓印组合的美。

（2）观察材料，根据不同形状的爬山虎叶子，讨论自己要创作的拓印造型。

师：不同的叶子可以组合成什么形状？谁可以来试一试？

（3）教师示范拓印的方法并提出注意事项，幼儿进行观察。

师：颜色是怎样拓印到画纸上的？你观察到的方法是什么？

（4）幼儿操作，教师进行巡视指导。

（5）完成后，教师引导幼儿互相欣赏交流。

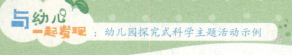

拓印爬山虎叶子

活动七：爬山虎的脚

领域：科学。

实施途径：集体探究。

活动目标：

（1）认识爬山虎的脚的黏性与拉力。

（2）在观察探索中能够认知不同的攀爬材质与爬山虎的关系。

活动准备：

弹簧测力计、长尺、木棍、KT板、木板、记录表。

活动过程：

（1）教师出示爬山虎的局部图，幼儿观察。

师：爬山虎为什么叫爬山虎？

文韬：因为它会爬。

文桐：因为它有脚。

（2）引导幼儿寻找爬山虎的脚。

① 幼儿提出假设。

a. 在墙上；b. 在叶子上；c. 在茎上；d. 在根上

② 幼儿论证结果。

（3）幼儿利用工具测量爬山虎的脚的拉力。

① 幼儿各选取一株爬山虎的茎干，并分成两半。

② 点数每一段卷须上吸盘的数量并进行记录。

③ 利用弹簧测力计测量吸盘的吸附力。

（4）测量其他物品的拉力，并与吸盘的吸附力进行比较。

（5）将木棍、KT板、木板等不同光滑程度的物品放置在爬山虎的茎干周围，结合周期进行观察。

寻找爬山虎的脚（a）

寻找爬山虎的脚（b）

活动八：好玩的测力计

领域：社会。

实施途径：区域探究。

关键经验：

（1）能够对身边常见的物品进行有方法的测量力。

（2）能够对物品数量进行叠加操作。

材料提供：

弹簧测力计、砝码、双节棍、铃鼓等。

教师指导：

（1）幼儿选择几样生活中的常见物品。

（2）一起讨论物品的测量方法。

（3）比较用单个物品进行测量与用多个物品进行测量得出的结果的异同。

（4）增加或减少相同的砝码，幼儿分析、记录结果。

神奇的弹簧测力计

～ 活动九：爬山虎的作用 ～

领域：健康。

实施途径：区域探究。

关键经验：

（1）能够了解爬山虎的根茎可入药，能够消肿化瘀。

（2）知道爬山虎还有降温、减尘、减少噪声等作用。

材料提供：

爬山虎的叶、根、茎、果实与研磨工具。

教师指导：

（1）寻找爬山虎的叶、根、茎、果实作为研磨对象。

（2）幼儿对叶、根、茎、果实四种材料进行研磨操作。

（3）幼儿利用看一看、摸一摸、闻一闻的方式，比较、分析四种材料研磨后的形态。

（4）通过查阅资料，知道爬山虎的根、茎能入药。

（5）能对爬山虎所处的环境与其他环境进行比较，感受爬山虎降温、减尘、减少噪声的作用。

研磨爬山虎的根、茎

活动十：我的朋友爬山虎

领域：语言。

实施途径：集体探究。

活动目标：

（1）能够认真倾听教师的讲述，掌握"爬山虎像……因为……"的句型。

（2）能够按照时间、地点、人物、事件的顺序进行描述。

（3）乐于交流，能与同伴团结合作，体验看图说话的乐趣。

活动准备：

爬山虎的叶子、探索爬山虎的图片和视频。

活动过程：

（1）教师出示"爬山虎的一墙故事"的照片与视频，并进行介绍。

教师提问：

师：老师刚才介绍了爬山虎的哪些部位？是怎样形容的？

师：你觉得爬山虎像什么？为什么？

（2）鼓励幼儿根据"爬山虎像……因为……"句式进行造句。

（3）拓展幼儿思维，运用ABB词语丰富句子。

师：爬山虎的叶子是绿绿的，它的根是长长的。还可以怎么说？

（4）教师复述"爬山虎的介绍"，并提问幼儿介绍的顺序。

（5）请两名幼儿对一张爬山虎图片进行描述，要求按照时间、地点、人物、事件四要素进行描述。

（6）尝试对描述的句子进行组合创编，教师与幼儿进行简单的评价。

教师带领幼儿描述爬山虎

七、探究流程

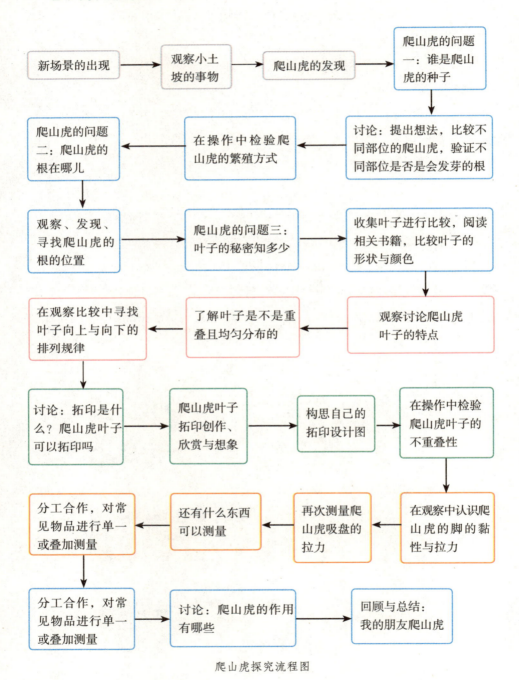

爬山虎探究流程图

八、探究纪事

（一）爬山虎为什么叫爬山虎

在一次户外活动中，桐桐看着满墙的爬山虎，突然提出："爬山虎为什么叫爬山虎？"其他幼儿听了回答："可能是因为它会爬。""可能是因为它有脚。"教师借助幼儿提出疑问的机会，鼓励幼儿带着自己认为的"可能"一起寻找爬山虎的脚到底在哪儿。

寻找爬山虎的脚

在讨论中，幼儿你一言我一语，得出假设：爬山虎的脚在墙上、在叶子上、在茎上、在根上。幼儿利用材料，小心翼翼地在根上、叶子上一点一点地找爬山虎的脚。

幼儿讨论爬山虎的脚

　　终于在第四次操作中，幼儿惊喜地发现："丹丹老师，我发现爬山虎的脚藏在哪里了！在叶子与叶子的中间。"（后期一起查阅，发现原来藏着的位置叫作"茎"）"它的脚和我们不一样，它是圆圆的。""老师，我发现了！爬山虎的脚就像吸力盘一样。"

　　吸力盘？这三个字引起了其他幼儿的注意。"那么这个吸力盘上面是有胶水吗？怎么这么黏？""我看了它这么久，怎么它还不爬呀？""可能它也害羞了。""我用了很大的力气，它才掉落的。"

爬山虎的脚在墙上

　　在一个寻找爬山虎的脚的集体活动中，教师发现：在探索过程中，不同的观察方法将影响幼儿的探索结果。

爬山虎的脚上有吸盘

　　看似简单的一种植物，在系统观察中，我们可以发现许多有趣的研究点，幼儿也逐渐能说出此植物的特别之处。

　　大班幼儿具有具体形象的思维特点，教师在幼儿探索操作过程中，更应该注重引导幼儿通过直接感知、亲身体验和实际操作来进行科学学习。几次观察、探索下来，就会发现在自然项目活动中，观察可以帮助幼儿接触自然事物，而提供材料、给予隐性的教育支持无疑让幼儿在观察、探索过程中积累有益的直接经验和感性认识。

爬山虎的叶子

（二）我与爬山虎共成长

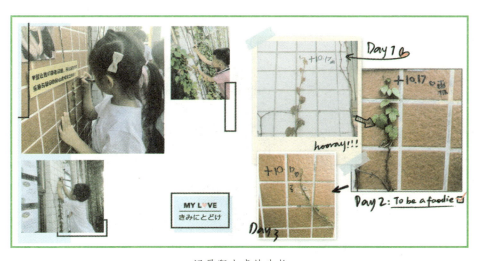

记录爬山虎的生长

文桐：我这一株爬山虎到我脖子，我现在比它高！

耀亿：我的爬山虎太高了，我都帮不了它画身高线了。

梓霖：今天是几号哇，我们下星期再回来看，可能又长高了。

馨予：我的爬山虎受伤了，我得帮它粘回去。

教师认为，在这一次的观察探索中，幼儿显得更加自信与有经验，而教师将爬山虎的生长方式这一问题聚焦于爬山虎本身。

例如，以某一株爬山虎的根为观察对象，观察、记录根的生长变化过程；在实验中挖一挖爬山虎的根，看看在哪里，是什么样子的；通过不同工具的支持检验，发现根的生长方向。

幼儿寻找爬山虎根的生长方向

在活动过程中，幼儿不断生成新内容，师幼共同将新内容增添到记录表中，不断丰富课程实施中的记录和反思，同时也让幼儿的经验不断生成与丰富。

记录爬山虎的生长

（三）吸盘的力气

在一次分组户外科学探究"吸盘的力气"活动中，教师提前在科学区新投放了材料——测力计，幼儿结合上学期的探究经验提出：

幼（观察）：测力计能够测出爬山虎的力气吗？

师：爬山虎的力气？你觉得爬山虎的力气在哪里？

幼：茎上、叶上、根，还有爬山虎的吸盘。

幼儿（假设）带着假设开始检验：

叶子是长在外面的，测不到它的力气。

根在土里，我们得把泥土弄走才知道。

我发现了，吸盘是粘在墙壁上的，它应该是很厉害的。

（检验）在幼儿讨论后，大家通过分组，两个人一组，利用尺子、笔、记录表和测力计开始关于吸盘力气的大发现活动。

有的幼儿选择了和尺子一样的长度进行测量，然后进行点数。在这一段10厘米的距离里发现：

幼1：爬山虎的吸盘有6个，有的是红色的，有的是绿色的。

幼2：我这一段的吸盘也太多了吧！有9个！

有的幼儿选择了一段自己喜欢的距离，如在5厘米中点数吸盘的数量。

记录茎的长度与吸盘的数量（a）

记录茎的长度与吸盘的数量（b）

所有的结果幼儿采取思维导图的方式进行记录，在四段不同长度的爬山虎中测量吸盘数量，并在比较中进行分析。（总结）

在对吸盘数量进行了一番探究过后，幼儿开始拿起测力计，对选取的爬山虎1、2、3、4段测量吸盘的黏性到底有多大。

"我这里的吸盘的力很小，因为红色的线还不到6。"〔测力计上的计量单位为牛顿（N），鉴于幼儿的接受能力，教学中只要求他们读出指针上的数字即可〕

"我的吸盘比你大，不过红色线到8的时候，吸盘就松开了。"

小发现还在继续，新材料的到来无疑激发了幼儿的好奇心与求知欲，他们能比以往更深入地说出自己的发现，并尝试总结。

在测量了吸盘的力气后，幼儿突发奇想："测力计还可以怎么玩？"

幼儿纷纷说出了自己的想法：

幼1：课室里有好多东西，我们可以拿来测一测重量。

幼2：我想去体育室里看一看、找一找。

于是，测量的材料拓展为身边常见的物品，如铃鼓、水杯、双节棍、篮子、砝码、哑铃、呼啦圈、赖赖老师的手机等。

"呼啦圈有多重啊？"

"丹丹老师，我们测了，可是没有成功，因为呼啦圈太大了，放不进去。"

"哑铃也很大，这个钩很小，不过我们可以拿袋子装起来，再放进去。"

"袋子有重量吗？"

"应该有，可能也没有。"

"那我们试一试。"

"袋子放上去，这根红线没动。"

"说明什么？"

"说明它重量很轻，可以忽略不计。"

"那我们就可以把哑铃放进去啦。"

在这一次的拓展活动中，幼儿有的利用叠加：

三个双节棍、一个铃鼓、一个哑铃，有多重呢？孩子们和好朋友分工合作，迫不及待地进行测量。

测量并记录吸盘的力气

有的幼儿利用单个数量进行测量，从比较重量的不同到寻找原因。原因有什么呢？一起在探究中求证吧！

九、探究评价

幼儿在共同探究和互动的过程中，开始建构有关爬山虎的观察经验与概念。

（一）科学探究

在"我与爬山虎的一墙故事"的探究活动中，随着时间的延长，幼儿在科学探究方面的认知也随着活动的丰富与完善而逐渐增加。幼儿通过动手操作、动脑思考、多渠道探究，运用多种方式表达自己的发现与感受。

1. 探索性

探索不仅是幼儿科学学习的核心，也是幼儿进行认知与积累经验的主要方式。在"我与爬山虎的一墙故事"整个活动中，幼儿以观察、探索的方式为主，进行发现式的学习。针对幼儿的疑问，教师会鼓励幼儿自己在发现问题、分析问题中寻找答案。

2. 全面性

幼儿在探索过程中，能够全面、系统地观察爬山虎的根、茎、叶、花、果实与爬山虎的生长变化现象。在整个观察周期中，幼儿的全面性能够从目标、内容、方式等几个方面得到体现。

3. 生成性

每个活动中生成的主题来源于自我设计的学习过程，都是围绕幼儿本身的。从幼儿的兴趣与爱好出发，灵活地运用观察、实验、调查等方法探寻问题，从一个小活动中延伸出新的探索方向。

4. 经验性

幼儿在操作中依靠直接经验进行探索，获得主动性、创造性、实践能力的发展，同时能够带着问题和已有经验自主操作材料，亲身感受与直接体验，发现并得出结论。例如，在"吸盘的力气"测量时，幼儿在观察中提出："爬山虎真的会爬吗？"带着问题对爬山虎的各个部位进行探索，对不恰当的因素进行排除后得知，爬山虎的脚能够沿着墙壁向上爬，幼儿在观察过程中能够积攒经验，利用测力计测量吸盘的力气。

（二）一举多得

1. 健康

在探索中能够了解爬山虎的根、茎可入药，能够消肿化瘀，知道爬山虎还有降温、减尘、减少噪声等作用。

2. 语言

幼儿能够在收集各种信息时进行理解与整理，并对观察到的现象进行较系统的描述。如在"叶子的秘密"活动中，幼儿能够用完整的句子描绘叶子的形状、颜色、味道，进一步提高了幼儿的语言表达能力。

3. 社会

在进行"我与爬山虎的一墙故事"的探索中，教师鼓励幼儿学会与同伴进行分工合作、交流，遇到困难能够一起克服。同时，在出现不同想法与意见时，能认真倾听他人的想法与意见，在比较中选择更恰当的方法。

4. 艺术

幼儿能够运用不同的工具与材料，对爬山虎叶子的花纹进行拓印组合与创造，采用不一样的表达方式，如单色或多色叠加，表达自己的想象。

十、探究感想

在"我与爬山虎的一墙故事"中，幼儿的感知、体验遵循了幼儿固有的自然本性和生长发展规律。以幼儿为本，从幼儿角度出发，尊重幼儿的兴趣，符合幼儿科学学习的特点和需求。

俄国著名教育家卡普捷列夫提出："儿童应该尽早而且长时间地投入大自然中，从中吸取对它的影响，体验大自然在每个人心中激起的思想和感受。"

爬山虎的果实

此过程中，教师结合集体探究、区域分组探究、亲子探究，让幼儿在探索中展开研究，提高幼儿科学探究的能力。在这个完整的探究活动中，教师惊喜地发现，幼儿已经掌握了利用感官、借助辅助材料去观察、比较、预测、推断、记录的方法，运用不同的探究方法发现问题、分析问题和解决问题，提高了探究能力，并将这种探究能力渗透到五大领域中，并互相融合。

回想起这一年来幼儿与爬山虎的这一墙故事，每一次的观察都是特别的，每一次的发现都是细微的，而我们也相信在探究中逐渐形成的探究精神将会一直陪伴幼儿成长。

动物篇

示例一： 蜗牛的秘密

（本示例适合中班）

一、探究缘起

蜗牛是我们在生活中经常见到的小动物，特别是在雨后的墙脚、草丛等潮湿的地方会发现许多蜗牛在慢慢地爬动。

幼儿初遇小蜗牛

一个雨后的清晨，老师带领幼儿去体育器材室，在经过草丛时，有一名幼儿大声喊道："老师，你看，有蜗牛。"只见其他幼儿不自觉地被呼声吸引了过去，聚成一团，开始了对蜗牛的观察和讨论。

大自然里的动物和植物是幼儿非常感兴趣并愿意探索的事物，这些也正是自然角活动生成的很好的切入点。于是，我班结合自然角做了关于蜗牛的探究活动，发动家长和幼儿在家收集蜗牛，带到幼儿园饲养观察。

在区域活动时，幼儿去自然角照顾、陪伴蜗牛，观察蜗牛的变化。当看到蜗牛吃东西时，他们惊讶道："蜗牛开始吃东西了。"随后，幼儿又发出疑问："蜗牛有牙齿吗？""蜗牛会拉㞎㞎吗？""蜗牛的㞎㞎是什么样的？"……

每日来园或者下午放学时，幼儿会拉着爸爸妈妈一同去自然角关注蜗牛的变化，还会主动给爸爸妈妈讲述自己今天发现的蜗牛变化。

二、探究目标

（一）认知

（1）初步了解蜗牛的外形特征和生活习性，如运动、休眠、吃食、排泄等方面的现象。

（2）感知细节观察对获取关键信息的重要性，帮助幼儿养成周期性实验观察的探究习惯。

（3）感知和发现蜗牛的多样性、独特性以及生长发育和繁殖的过程。

（二）技能

（1）初步掌握喂食、喷水、清理蜗牛屎等饲养蜗牛的技能。

（2）能够用自己喜欢的绘画或简单符号，记录蜗牛的生活习性和行为特征。

（3）能够用自己的语言描述蜗牛的特点，能够提出有关蜗牛的问题，并寻找答案，构建关于蜗牛的新经验。

（4）尝试使用简单的工具有步骤地进行探究，积累科学经验。

（三）情感

（1）懂得关心、热爱、尊重、保护蜗牛，体验照顾、陪伴蜗牛的乐趣，培养幼儿的责任感。

（2）愿意与同伴合作探究并交流想法。

（3）喜欢观看关于蜗牛的艺术表演作品，产生模仿和参与的愿望。

三、探究网络

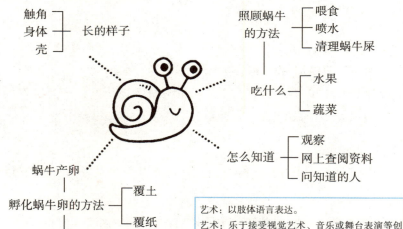

科学：能关注到自然环境中的各种现象和动物的变化。

科学：观察了解蜗牛的外形特征、爬行方式、生活环境和习性。

语言：能使用图画和简单符号记录说明。

语言：在小组互动情境中开启话题，能够倾听他人想法并回应延续对话。

艺术：发挥想象并进行个人独特的创作。

社会：乐于亲近大自然，爱护尊重生命。

语言：以清晰的口语表达想法。

语言：针对谈话内容表达疑问或看法。

语言：建构包含活动开端、过程、结果与个人观点的经验叙说。

社会：表达自己并愿意聆听他人的想法。

社会：考量自己与他人的能力和兴趣，和他人分工合作。

社会：使用清洁工具清理环境。

科学：能够做好猜想和实验记录。

触角
身体 —— 长的样子
壳

照顾蜗牛的方法 ┬ 喂食
　　　　　　　├ 喷水
　　　　　　　└ 清理蜗牛屎

吃什么 ┬ 水果
　　　　└ 蔬菜

怎么知道 ┬ 观察
　　　　　├ 网上查阅资料
　　　　　└ 问知道的人

蜗牛产卵

孵化蜗牛卵的方法 ┬ 覆土
　　　　　　　　　└ 覆纸

检验哪种方法会成功

科学：观察自然科学现象细微的变化。

科学：以图画或简单符号记录自然现象的各种变化。

语言：与他人讨论自然科学现象之间的关系。

语言：参与讨论解决问题的方法并实际执行。

语言：与同伴讨论解决问题的方法，并与他人合作实际执行。

艺术：以肢体语言表达。

艺术：乐于接受视觉艺术、音乐或舞台表演等创作表现形式，回应个人感受。

健康：运用动作、表情、语言表达自己的情绪。

健康：享受肢体游戏的乐趣，懂得保护自己。

语言：以口语参与互动。

语言：收集关于自然科学现象的信息。

语言：理解书本的内容与功能。

社会：整理信息之间的关系。

社会：与同伴讨论解决问题的方法，并与他人合作实际执行。

探究蜗牛

四、环境创设

关于蜗牛我知道……

"蜗牛有黏液。"
"蜗牛爬得很慢。"
"蜗牛吃叶子的。"

关于蜗牛我想知道……

"蜗牛会游泳吗？"
"蜗牛有毒吗？"
"蜗牛会拉便便吗？"
蜗牛喜欢吃什么？

探究来源

蜗牛饲养区

蜗牛喜欢吃什么大猜想

???					
🧤					
???					
🧤					

操作卡

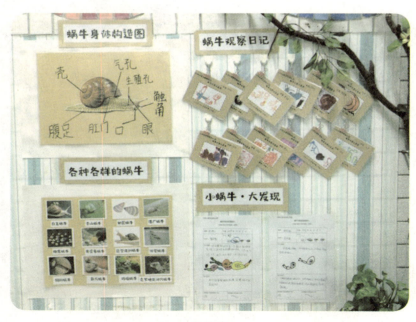

记录墙

你看，蜗牛把眼睛伸出来了！它肚子饿了，想吃东西。

小蜗牛的"慢"步比赛，我的小蜗牛你要加油哦！

探究实录

五、家园联系

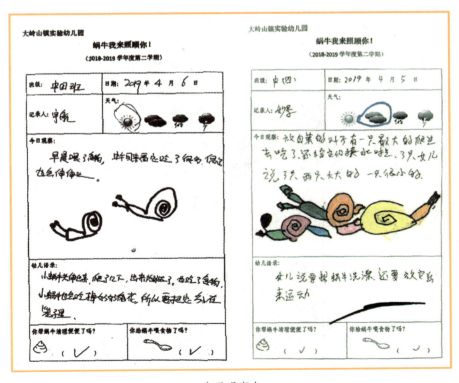

亲子观察表

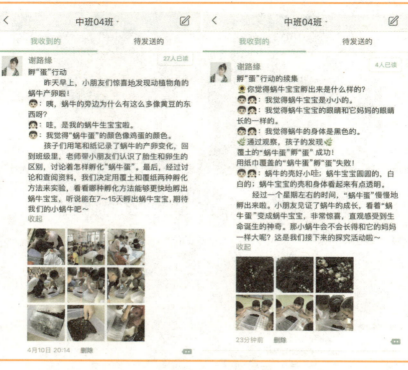

微课截图

家长提供的蜗牛

家长收集饲养蜗牛的盒子

家长收集饲养蜗虫的水果

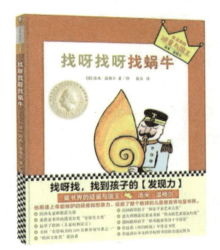

收集关于蜗牛的绘本

六、活动设计

∽ 活动一：蜗牛饲养记 ∽

领域：健康。

实施途径：区域探究。

关键经验：

（1）学习饲养蜗牛的技能，观察了解蜗牛的外形特征、爬行方式、生活环境和习性。

（2）知道蜗牛喜欢吃白菜叶子、生菜，会用青菜喂养蜗牛。

材料提供：

若干只蜗牛、若干个透明盒子、喷水壶、放大镜、各种食物等。

教师指导：

（1）引导幼儿观察蜗牛，鼓励幼儿提出问题。

幼：蜗牛有牙齿吗？（蜗牛是牙齿最多的一种动物，而且它的牙齿都是长在舌头上的，一共有25000多颗牙齿）

师：你们知道蜗牛是益虫还是害虫吗？（对于农民伯伯来说，它是害虫，因为它总是汲取庄稼根部的汁液；而对于药物学家来说，它是益虫，因为它身上的每一部分都可以做药材。）

（2）和幼儿一起讨论饲养蜗牛的条件。

创设下列不同条件，让幼儿观察，动脑思考。

师：你想将你的蜗牛放在哪个家里饲养？为什么？

①将蜗牛放入空的透明盒子中，盖上盖子。

②将蜗牛放入有水的透明盒子中，盖上纱布。

③将蜗牛放入有干沙子的透明盒子里，盖上纱布。

④将蜗牛放入有湿沙子的透明盒子里，盖上纱布。

（3）鼓励幼儿想办法为蜗牛创设更好的家。

幼儿饲养蜗牛

活动二：我眼中的蜗牛

领域：艺术。

实施途径：集体探究。

活动目标：

（1）学习用分割的方法装饰蜗牛螺旋形的壳。

（2）学会用漂亮的彩笔以及简单的点、线、圆等花纹装饰蜗牛。

（3）感知分割装饰的风格，产生关爱小动物的情感。

活动准备：

PPT、勾线笔、画纸、油画棒。

活动过程：

（1）谜语导入："名字叫作牛，不会拉犁走，要说没力气，没有手、没有脚，拉着房子走。"（蜗牛）

（2）出示蜗牛，请幼儿观察：①蜗牛身上的壳；②蜗牛的身体；③蜗牛的眼睛；④蜗牛的头部构造。

（3）欣赏范画，学习用分割的方法给蜗牛壳装饰花纹。教师提问，引导幼儿思考，开发幼儿想象力。

①师：小朋友，小蜗牛的房子漂亮吗？

②师：怎样才能使小蜗牛有一座美丽漂亮的房子呢？

③师：请你说说，画面上蜗牛的壳是什么形状的？

④师：你知道怎样打扮小蜗牛的房子吗？

（4）引导并启发幼儿用线条分割法将螺旋形蜗牛的壳切割成若干块，再用圆、点、线或简单的图形在每一个空格中装饰各种图案或花纹。

（5）交代绘画要求，幼儿作画，教师巡视指导。鼓励幼儿选择自己喜欢的色彩给蜗牛的房子和长长的身体涂色。

（6）展示幼儿作品，结束活动。

幼儿眼中的蜗牛

活动三：蜗牛喜欢吃什么

领域： 科学。

实施途径： 区域探究。

关键经验：

（1）猜想蜗牛喜欢吃什么，做好猜想和实验记录。

（2）乐于和老师、同伴交流自己的发现，体验交流与发现的快乐。

材料提供：

（1）香蕉、胡萝卜、青菜、树叶、小草、米饭、玫瑰花、石头、苹果等。

（2）记录表、勾线笔。

教师指导：

（1）引导幼儿猜测：蜗牛喜欢吃什么？

（2）出示记录表，讲解记录要求，幼儿记录猜测结果，请个别幼儿讲述猜测结果。

（3）幼儿分成小组操作，开始实验并记录实验结果。

观察记录蜗牛爱吃的食物（a）

观察记录蜗牛爱吃的食物（b）

附记录表：

蜗牛喜欢吃什么大猜想

???					
🧤					
???					
🧤					

～ 活动四：蜗牛去旅游 ～

领域：语言。

实施途径：集体探究。

活动目标：

（1）学念儿歌，引导幼儿尝试根据儿歌创编动作并进行表演。

（2）感受儿歌的韵律美，体验游戏儿歌的快乐情绪。

活动准备：

蜗牛、图谱。

活动过程：

（1）教师利用变魔术的方式激发幼儿的兴趣。

师：小朋友们，老师要变魔术喽，看看我变出了什么呢？（出示小蜗牛）

（2）师：小蜗牛要出去旅行了，我们一起来听一听，它到哪儿去旅行了呢？

教师一边念儿歌，一边出示图谱，增强幼儿对儿歌的理解和记忆。

师：谁来说一说蜗牛到哪儿旅行了？

（3）幼儿创编儿歌的动作，和教师一起边念儿歌边做动作。（练习2～3遍）

（4）集体表演儿歌。

附儿歌：

蜗牛，蜗牛，背着背包去旅游，爬过小山坡，穿过小山洞。爬呀爬，爬呀爬，爬上宝宝的小鼻头。亲一亲，碰一碰，哎哟哟，叽里咕噜翻跟斗。

教师与学生共同模仿蜗牛

⌒ 活动五：蜗牛生宝宝 ⌒

领域：科学。

实施途径：区域探究。

关键经验：

（1）认识胎生和卵生的区别。

（2）观察记录蜗牛卵的外形和特点。

材料提供：

（1）棉签、放大镜等物品。

（2）观察记录表、水彩笔、垫板。

教师指导：

（1）提供让幼儿观察蜗牛产卵的环境。

（2）鼓励幼儿大胆提问，表达自己对蜗牛生宝宝现象的看法。教师简单介绍胎生和卵生的区别。

（3）提供记录表让幼儿观察记录蜗牛卵的外形和特点。

观察记录蜗牛生宝宝（a）

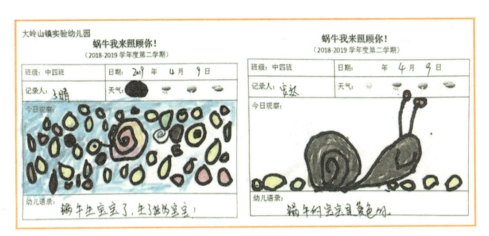

观察记录蜗牛生宝宝（b）

附记录表：

大岭山镇实验幼儿园

蜗牛我来照顾你！

（2018—2019学年度第二学期）

班级：中四班	日期： 　年　月　日	
记录人：	天气：☀️ 🌧️ ⛅ 🌧️	
今日观察：		
幼儿语录：		

∽ 活动六：孵"蛋"行动 ∽

领域：科学。

实施途径：区域探究。

关键经验：

（1）讨论孵"蜗牛蛋"有哪些方法？需要哪些条件？

（2）猜想覆土和覆纸哪种方法能够孵出蜗牛宝宝。

材料提供：

（1）松软的土、透明盒子、纸巾、喷水壶、放大镜、保鲜膜等物品。

（2）观察记录表、勾线笔。

教师指导：

（1）教师组织幼儿一起讨论孵"蜗牛蛋"的方法。

（2）教师通过网上查阅资料，和幼儿一起为蜗牛卵提供两种不同的孵化环境。

（3）请幼儿猜想覆土和覆纸哪种方法能够成功地孵出小蜗牛，并完成观察记录表。

幼儿观察讨论"蜗牛蛋"的孵化环境

附记录表：

大岭山镇实验幼儿园

蜗牛我来照顾你！

（2018—2019学年度第二学期）

班级：中四班	日期：　　　年　　　月　　　日
记录人：	天气：　☀️　🌧️　⛈️　🌧️
今日观察：	
幼儿语录：	

〜 活动七：蜗牛宝宝出生记 〜

领域：科学。

实施途径：区域探究。

关键经验：

（1）发现覆土的方法孵出了蜗牛宝宝，猜测覆纸方法失败的原因。

（2）观察发现蜗牛宝宝与长大的蜗牛的异同点。

材料提供：

（1）松软的土、透明盒子、喷水壶、放大镜、新鲜蔬菜叶子等物品。

（2）观察记录表、勾线笔。

教师指导：

（1）引导幼儿发现应用覆土的方法成功孵出了蜗牛宝宝，鼓励幼儿大胆猜想并用完整的语言表达覆纸的方法没有孵出蜗牛宝宝的原因。

（2）引导幼儿观察蜗牛宝宝的外形特征，比较蜗牛宝宝与大蜗牛的共同之处与不同之处，讨论如何照顾蜗牛宝宝。

（3）教师将幼儿语录记录下来。

幼儿观察刚出生的蜗牛宝宝

～ 活动八：蜗牛来做客 ～

领域：科学。

实施途径：亲子探究。

关键经验：

（1）学习清理蜗牛屎。

（2）体验与父母一起饲养蜗牛的乐趣。

材料提供：

（1）松软的土、透明盒子、喷水壶、放大镜、新鲜蔬菜叶子等物品。

（2）亲子观察记录表、勾线笔、水彩笔。

教师指导：

（1）请幼儿将蜗牛带回家与爸爸妈妈一起饲养，鼓励幼儿与家长共同照顾蜗牛。

（2）布置观察任务，完成亲子观察照顾记录表。

亲子共同照顾蜗牛

附记录表：

大岭山镇实验幼儿园

蜗牛，我和爸爸妈妈照顾你！

（2018—2019学年度第二学期）

班级：	日期：　年　月　日	
记录人：	天气：	
今日观察：		
幼儿语录：		
你帮蜗牛清理便便了吗？（　　）	你给蜗牛喂食物了吗？（　　）	

❧ 活动九：蜗牛搬家 ❧

领域：健康。

实施途径：集体探究。

活动目标：

（1）练习负重并快速向前跑的动作。

（2）知道大家团结合作才能取得胜利，培养幼儿与同伴之间相互配合的意识。

（3）加强幼儿的安全意识。

活动准备：

球。

活动过程：

（1）热身活动：教师带幼儿进行手腕、脚踝等肢体准备动作。

（2）引导幼儿练习背球弯腰走的动作。

（3）游戏：蜗牛搬家。

①布置场地：起点和终点相隔5～6米，将大篮子（蜗牛的家）放在终点，将球（物品）放在起点，数量与各队幼儿人数相等。

②讲解游戏：将幼儿分成人数相等的两队，每名幼儿都来当"蜗牛"，蜗牛搬家需要幼儿背球弯腰走到目的地，放下球后，再跑回来，帮下一只"蜗牛"放好球，再弯腰走向目的地。哪一组先将物品全部搬到"蜗牛的家"，哪一组即获胜。

蜗牛搬家的游戏

③ 强调游戏规则：要求幼儿的球尽量不要掉下来，如果掉了，同伴可以协助放好再走。

（4）放松活动：教师带幼儿着重进行腿部和手臂的放松活动。

活动十：蜗牛的梦想

领域：艺术。

实施途径：集体探究。

活动目标：

（1）捕捉蜗牛的形象，学习模仿蜗牛形态的基本舞步动作。

（2）在听音乐合拍动作的基础上，能够自信大胆地参与学跳有情节的舞蹈，能够按照舞蹈情节记忆动作顺序。

（3）激发幼儿的舞蹈情趣。

活动准备：

音乐、蜗牛的表演服装、舞台、灯光效果。

活动过程：

（1）活动前的热身练习：学大象（上肢运动）、学小猫（体侧运动）、学青蛙（跳跃运动）、学小鸟（整理运动）。

舞蹈表演《蜗牛的梦想》

（2）谈话引起幼儿的兴趣。

师：才艺表演就要轮到我们班啦，我们可以将蜗牛融入我们的节目中，怎样让我们看起来像一只蜗牛呢？蜗牛是怎么跳舞的呢？

（3）欣赏舞蹈视频，了解《蜗牛的梦想》舞蹈情节。

师：小朋友们，你们都看到了什么？

幼儿观察并说出蜗牛跳舞的特点，请个别幼儿模仿动作。

（4）教师边说故事情节，边示范舞蹈动作，幼儿跟着教师学习舞蹈。

（5）重点练习在学习过程中有困难的动作，再继续完整地练习舞蹈。

（6）最后跟着音乐集体跳舞，多次练习后登台表演。

七、探究流程

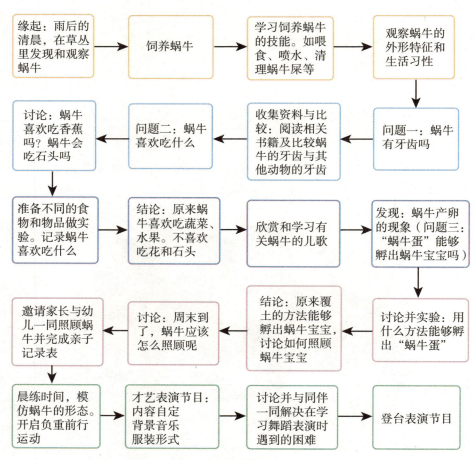

蜗牛探究流程图

八、探究纪事

（一）蜗牛来啦

小蜗牛来到班里时，幼儿既兴奋又激动，围着蜗牛叽叽喳喳地讨论着。在教师的引导下，幼儿提出了很多关于蜗牛"我知道……"和"我想知道……"的问题。

幼儿关于蜗牛的谈论

关于蜗牛"我知道……"：

恒语：蜗牛的脚黏黏的。

逸曦：蜗牛的背上有壳，好像房子。

诗媛：有时候我在我家也见到蜗牛。

……

关于蜗牛"我想知道"：

安达：蜗牛会游泳吗？

宁奕：蜗牛有牙齿吗？

邦邦：为什么蜗牛爬得这么慢？

婉茹：蜗牛喜欢吃什么？

俊杰：蜗牛会拉屁屁吗？它的屁屁是什么颜色的？

……

幼儿进行饲养蜗牛的观察记录

在教师的引导下，幼儿掌握了喂食、喷水、清理蜗牛屎等饲养蜗牛的简单技能。小蜗牛带给幼儿无尽的快乐和探索空间，也让幼儿从观察蜗牛的过程中学会了思考和解决问题。在每次观察之后，幼儿总是满怀惊喜，意犹未尽，在记录本上画下自己的观察。亲身体验和探知，大大激发了幼儿的探究兴趣。

（二）蜗牛宝宝诞生记

一天早上，幼儿惊喜地发现自然角的蜗牛产卵啦！

观察蜗牛生宝宝

安达：咦，蜗牛的旁边为什么有这么多像黄豆的东西呀？

芊蕊：哇，是我的蜗牛生宝宝啦。

宇航：我觉得"蜗牛蛋"的颜色像鸡蛋的颜色。

幼儿用纸和笔记录了蜗牛产卵的变化，回到教室里，教师带幼儿认识了胎生和卵生的区别，讨论了怎样孵化"蜗牛蛋"。

讨论孵化"蜗牛蛋"

最后，经过讨论和查阅资料，我们决定用覆土和覆纸两种孵化方法来实验，看看哪种孵化方法能够更快地孵出蜗牛宝宝。据说7～15天就可以孵出蜗牛宝宝，期待我们的小蜗牛吧。

孵化"蜗牛蛋"（a）

孵化"蜗牛蛋"（b）

师：你觉得蜗牛宝宝孵出来是什么样的？

俊杰：我觉得蜗牛宝宝是小小的。

芊蕊：我觉得蜗牛宝宝的眼睛和它妈妈的眼睛长得一样。

安达：我觉得蜗牛宝宝的身体是黑色的，因为它妈妈的身体也是黑色的。

幼儿通过喷水雾给蜗牛卵的孵化营造潮湿的环境

过了一个星期的时间，幼儿在自然角通过观察和发现，用覆土的方法孵的"蜗牛蛋"孵化成功，用纸巾覆盖孵的"蜗牛蛋"孵化失败。幼儿开始观察刚刚孵出来的小蜗牛。

观察蜗牛宝宝

子晴：蜗牛的壳好小哇！

宁奕：蜗牛宝宝圆圆的、白白的。

邦邦：蜗牛宝宝的壳和身体看起来有点透明。

经过一个星期的时间，"蜗牛蛋"慢慢地孵出来啦。幼儿见证了蜗牛的成长，看着"蜗牛蛋"变成蜗牛宝宝，非常惊喜，直观地感受到生命诞生的神奇。教师也会将幼儿的一些发现、对话用文字的形式记录下来，推送在微课中，让家长们也能及时关注到孩子的动态，看到孩子的成长。

九、探究评价

幼儿在共同探究和互动的过程中，开始建构有关蜗牛的经验与概念。

（一）科学探究

1. 好奇心与探究兴趣

小蜗牛来到班里时，幼儿既兴奋又激动，围着蜗牛叽叽喳喳地讨论起来。教师用手指表示"嘘"，示意幼儿先安静，大家耐心等待着，还提醒身旁的同伴要保持安静，这样蜗牛才会伸出头来。大家开始屏住呼吸，静静地等待。

当看到蜗牛慢慢地从蜗牛壳里探出触角时，幼儿十分开心，也因此激发了他们饲养、探究蜗牛的兴趣和热情。刚开始饲养蜗牛时，幼儿有很多问题："蜗牛会游泳吗？""蜗牛有牙齿吗？""为什么蜗牛爬得这么慢？""蜗牛喜欢吃什么？""蜗牛会拉屁屁吗？它的屁屁是什么颜色的？"幼儿的好奇心和探究兴趣又随着蜗牛产卵的变化越来越强烈。

2. 探究过程与探究能力

饲养蜗牛的过程中，幼儿都担当起了饲养员，通过带蔬菜、摘叶子、喂蜗牛、给蜗牛喷水（营造潮湿的环境）、清理蜗牛屎，积极主动地为蜗牛创造居住环境。

在教师的引导和支持下，幼儿和蜗牛一起做实验，发现蜗牛喜欢吃的东西。观察蜗牛产卵的现象，和同伴一起交流，想办法孵出蜗牛宝宝，亲自为蜗牛卵提供孵化环境，期待蜗牛宝宝出生的画面。

3. 探究知识与经验

在照顾蜗牛的过程中，幼儿通过观察、比较、操作、实验等方法，了解了适合蜗牛的生长环境，知道了蜗牛的外形特征和生活习性。

蜗牛产卵的现象引发幼儿的思考，发现如何将"蜗牛蛋"孵出小蜗牛的问题，和同伴一起分析方法，在教师的帮助下共同解决问题。在等待蜗牛卵孵化的过程中，每日有意识地主动观察蜗牛卵是否有变化，细心地喷上水雾。一个星期后，小蜗牛爬出土。幼儿发现覆土的方法成功地孵出了小蜗牛，了解了蜗牛繁殖与新生的过程，通过亲身体验和实际操作积累了不少相关经验。

4. 记录、表征与交流

在"蜗牛的秘密"科学探究活动过程中，幼儿能够带着一定的目标和任务进行探究，能在教师的引导下大致了解为什么要记录、记录的内容是什么、记录的方式是什么等。在任务意识的影响下，幼儿在记录表征活动中表现出了较大的热情，对记录表征活动充满了兴趣，但在具体的记录表征活动中仍然存在很大的困难，容易出现探究活动与记录表征相脱节的情况，不能伴随操作过程进行有效的记录。

幼儿还能够使用一些简单的句型基本完整地讲述自己的探究过程和探究结果，比如"蜗牛的背上有壳，好像房子""我的蜗牛不喜欢吃花，它闻了一下就爬走了"等。同时，词汇量也开始增加，出现AAB、ABB式的词语，比如："蜗牛蛋"是黄黄的、小小的；蜗牛爬起来慢吞吞的；蜗牛的身体滑溜溜的；等等。

（二）一举多得

1. 健康

幼儿利用晨练时间在玩蜗牛搬家的体育游戏时，保持着愉快的情绪状态，模仿蜗牛背房子练习负重并快速向前跑的动作，发展了身体的平衡性和协调能力，会注意体育活动中的自我保护，乐于在活动中的相互合作、遵守规则。

2. 语言

观察蜗牛时，幼儿能基本完整地讲述自己的发现，会倾听他人的想法，愿意与他人分享并谈论自己感兴趣的话题；在形容蜗牛的特征时掌握了AAB、ABB式的词语，比如黄黄的、小小的、慢吞吞、滑溜溜等；会边念儿歌边模仿蜗牛的外形特征做动作。

3. 社会

幼儿会与同伴齐心协力共同完成照顾蜗牛、营造孵化蜗牛卵的孵化环境的活动任务，体会到合作的重要性，学习分工合作。

幼儿发现蜗牛的变化时，能够在教师的组织下集体讨论、商量和做决定，萌发了幼儿的集体荣誉感。

4. 艺术

在自然角里，教师在引导幼儿观察蜗牛的同时，鼓励幼儿进行写生活动，生成艺术活动"我眼中的蜗牛"，幼儿会用漂亮的彩笔以及简单的点、线、圆等花纹装饰蜗牛。借助才艺表演的契机，将艺术活动巧妙地融入蜗牛的秘密科学探究活动中，生成艺术活动"蜗牛的梦想"，幼儿感受和体验舞蹈里蜗牛的不同表现形式，拓展了幼儿对艺术形式的认知，丰富了幼儿的想象力，使他们会用自己的方式表现和创造。

十、探究感想

说起蜗牛，幼儿就在脑海中想象出蜗牛背着重重的房子慢慢爬行的可爱模样。

在探究活动过程中，教师为幼儿提供自我发展的空间，在幼儿观察、交流、讨论的过程中，教师一直在一旁观察、倾听，对于幼儿各种各样的猜测，教师没有直接给出答案，而是提出问题继续引发幼儿探究，激励幼儿自主寻找答案。经过一个多月的时间，饲养的蜗牛居然生宝宝了。对于这一发现，幼儿满眼惊喜，按捺不住地谈论起来。于是我们将自然角与科学区相结合，根据幼儿的兴趣点，如蜗牛喜欢吃什么、怎样才能把蜗牛宝宝孵出来，开展区域探究实验活动，通过亲身的体验和探知，大大地激发了幼儿的探究兴趣。

每逢周末，我们便会请幼儿将班级的蜗牛带回家和爸爸妈妈一起饲养，并且布置观察作业。通过活动，增加幼儿和家长之间的互动，带动家长积极参与，鼓励家长将幼儿独特角度的表达语言用文字记录下来。

在饲养蜗牛的这段时间里，幼儿对于蜗牛的探究兴趣一直保持着，这应该是蜗牛生宝宝的变化吸引幼儿进一步观察。蜗牛生宝宝和孵出蜗牛宝宝的现象引发了幼儿的好奇，他们用眼睛细致地观察着，用自己的语言和独特的角度来描述自己的发现，他们从饲养过程中获取了最真实的知识与动态经验，实现了教师和幼儿在探究中的共同成长。

示例二：乌龟来了

（本示例适合小班）

一、探究缘起

刚入园的小班幼儿，对老师讲述的一切都感到非常好奇。在开展主题活动时，老师讲述故事《小乌龟上幼儿园》，幼儿对那一只害羞的小乌龟非常感兴趣。每当讲到小乌龟时，幼儿都高兴得七嘴八舌地讨论起来。活动结束后，幼儿的谈论话题都围绕着乌龟了。

于是，我们班级自然角里新增的小乌龟吸引了幼儿的眼球，他们喜欢看，并问各种问题，例如："乌龟吃东西吗？""乌龟有嘴巴吗？""乌龟的壳为什么是硬的呀？"于是，结合幼儿的兴趣和年龄特点，我们开展了"乌龟来了"主题探究活动，带着幼儿逐步踏上了解、亲近小动物的旅程。

自然角里来了小乌龟（a）

自然角里来了小乌龟（b）

二、探究目标

（一）认知

（1）了解乌龟各部位的作用，如嘴巴吃东西、壳有保护作用等；知道小乌龟生存的基本需要，如水、空气、食物等。

（2）知道小乌龟的爬行方式，了解小乌龟的基本外形特征。

（二）技能

（1）初步掌握照顾小乌龟的方法，如喂食、换水等。

（2）对乌龟的生活习性能仔细观察，发现其明显特征，能感知乌龟壳的软硬、光滑和粗糙等特性。

（3）用语言表达自己对小乌龟的发现，运用绘画、手工、音乐等艺术形式表现自己对小乌龟的喜爱之情。

（4）能手口一致地点数乌龟的脚的数量，并说出总数。

（三）情感

（1）喜欢参与乌龟的养殖活动，产生对乌龟成长变化的探究欲望。

（2）大胆地、自信地质疑小乌龟会遇到的问题，积极提出问题，说出自己的想法，能为自己的好行为或者活动成果感到高兴。

（3）关心、爱护动物，有责任意识。

三、探究网络

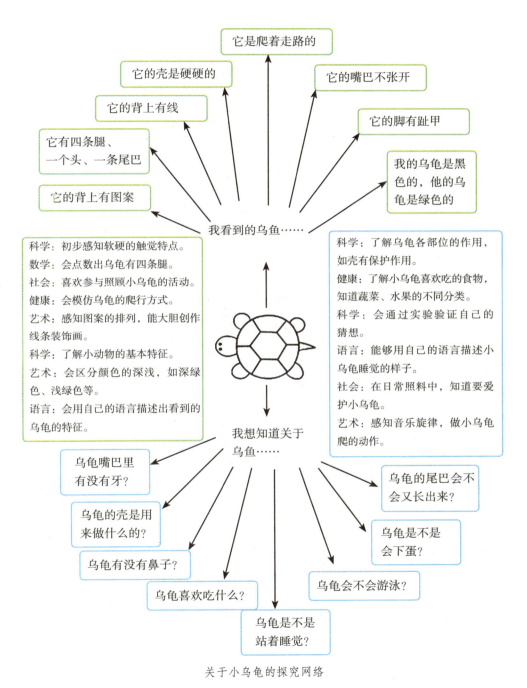

它是爬着走路的

它的壳是硬硬的

它的嘴巴不张开

它的背上有线

它的脚有趾甲

它有四条腿、一个头、一条尾巴

我的乌龟是黑色的，他的乌龟是绿色的

它的背上有图案

我看到的乌龟……

科学：初步感知软硬的触觉特点。
数学：会点数出乌龟有四条腿。
社会：喜欢参与照顾小乌龟的活动。
健康：会模仿乌龟的爬行方式。
艺术：感知图案的排列，能大胆创作线条装饰画。
科学：了解小动物的基本特征。
艺术：会区分颜色的深浅，如深绿色、浅绿色等。
语言：会用自己的语言描述出看到的乌龟的特征。

科学：了解乌龟各部位的作用，如壳有保护作用。
健康：了解小乌龟喜欢吃的食物，知道蔬菜、水果的不同分类。
科学：会通过实验验证自己的猜想。
语言：能够用自己的语言描述小乌龟睡觉的样子。
社会：在日常照料中，知道要爱护小乌龟。
艺术：感知音乐旋律，做小乌龟爬的动作。

我想知道关于乌龟……

乌龟嘴巴里有没有牙？

乌龟的尾巴会不会又长出来？

乌龟的壳是用来做什么的？

乌龟是不是会下蛋？

乌龟有没有鼻子？

乌龟会不会游泳？

乌龟喜欢吃什么？

乌龟是不是站着睡觉？

关于小乌龟的探究网络

四、环境创设

探究实录

乌龟介绍

探究网络

探究过程展示

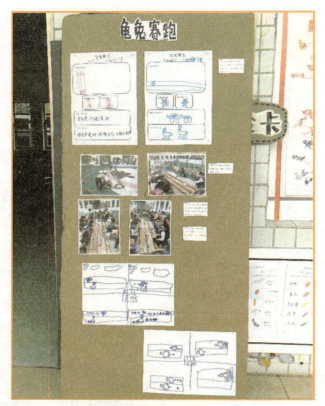

"龟兔赛跑"活动记录

五、家园联系

亲子调查表

家长群里讨论

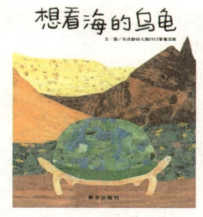

收集关于乌龟的绘本

六、活动设计

活动一：小乌龟上幼儿园

领域： 语言。

实施途径： 区域活动。

活动目标：

（1）初步了解小乌龟有一个壳，感受壳是硬硬的。

（2）喜欢与小乌龟相处，乐于分享幼儿园里的故事，萌发喜欢幼儿园的情感。

（3）喜欢听故事，体验听故事的乐趣。

活动准备：

（1）几只小乌龟。

（2）乌龟、青蛙、小鸭子、小鸡等动物图片、故事绘本。

活动过程：

（1）阅读故事《小乌龟上幼儿园》第一页，引出故事名称。

（2）师幼共同看图片讲述故事内容。结合图片，教师提出问题，帮助幼儿进一步理解故事内容，把握角色的形象特征。

提问：

①小乌龟在幼儿园里会遇到哪些小伙伴？

②小乌龟为什么把头、四肢和尾巴都缩进乌龟壳里？

③小乌龟为什么哭了？

④小青蛙、小鸭子和小鸡是怎么做的？

⑤小乌龟最后的心情是怎样的？

（3）结合情境，让幼儿讲述自己在幼儿园玩了哪些好玩的游戏，在幼儿园里有哪些好朋友。

（4）观察自然角里的乌龟壳是怎样的，并摸一摸自己看到的乌龟壳，然后把自己的发现与小伙伴分享。

⌒ 活动二：小乌龟 ⌒

领域：健康。

实施途径：集体活动。

活动目标：

（1）能手膝着地爬行，提高四肢动作的协调性。

（2）了解乌龟的爬行方式。

活动准备：

垫子、小书包（乌龟壳）。

活动过程：

（1）开始部分。幼儿背上小书包，扮演小乌龟，跟随教师做伸伸手、伸伸脚、手脚缩进壳、慢慢向前爬等动作。

（2）基本部分。

游戏一：小乌龟去旅行。

玩法：教师讲述故事《小乌龟去旅行》，幼儿扮演小乌龟，按照故事情节手膝着地自由爬行。

游戏二：帮小乌龟运蘑菇。

小乌龟运蘑菇

玩法：幼儿扮演小乌龟，手拿一棵蘑菇，从场地的一端手膝着地向前爬行来到小兔家，将蘑菇放进篮子里，之后返回起点继续运，直到蘑菇运完。

（3）结束部分。引导幼儿做放松身体的动作。

引导语：天黑了，小乌龟回家了，大家擦擦脸、洗洗手、扭扭屁股、抖抖腿，伸个懒腰要睡觉啦!

活动三：乌龟来了

领域：科学。

实施途径：集体探究。

活动目标：

（1）观察、感知乌龟的外形和爬行方式，初步了解乌龟的生活习性。

（2）喜欢与乌龟做朋友，愿意照料乌龟。

活动准备：

乌龟若干、透明水缸若干。

活动过程：

（1）开始部分。猜谜语导入，激发幼儿参与活动的兴趣。

引导语："身穿硬甲壳，四脚慢慢爬，别人欺负它，快快躲回家。"大家来猜猜这是什么小动物？（乌龟）

（2）基本部分。

环节一：分组操作，观察、感知乌龟的外形和爬行方式。

每个孩子拿到一只乌龟，幼儿仔细观察并讨论：

①你看到的乌龟样子是怎样的？

②乌龟是怎样走路的？

③乌龟的手、脚、头和尾巴是怎样缩进去又伸出来的？

环节二：引导幼儿讨论、了解乌龟的生活习性。

让幼儿把饲料喂给乌龟，看看乌龟喜不喜欢吃。

讨论：乌龟喜欢吃什么？不喜欢吃什么？

环节三：引导幼儿观察乌龟在水里游泳的动作。

幼儿观察乌龟在水里的动作是怎样的？

（3）结束部分。观看影片《乌龟的生活》，了解乌龟的生活习性。

～ 活动四：小动物找食物 ～

领域：数学。

实施途径：区域探究。

关键经验：

（1）对常见动物喜欢吃什么有一定的了解，如小羊喜欢吃草、小兔子喜欢吃胡萝卜、小狗喜欢吃骨头、小猴子喜欢吃桃子。

（2）会掷骰子，根据图片选取对应的图片。

材料提供：

（1）动物头饰。

（2）不同的食物图片若干。

教师指导：

玩法一：给动物喂食。

观察不同的动物和食物，将食物图片放在对应的动物标志的盒子里。

1.把句卡剪下后按照句卡上的提示，把句卡放置在动物和实物下方。

2.边粘贴边读句卡上的句子。

3.放置完成后，从左到右完整地指读句子，如"小羊喜欢吃草"。

4.对照操作好的材料，完成记录单上的裁剪，再次朗读句子。

给小动物找食物图

玩法二：掷骰子。

根据掷出的骰子上的食物，找出相应的食物图片，并把食物图片放在对应的动物标志的篮子里。

活动五：小乌龟的样子

领域：科学。

实施途径：集体探究。

活动目标：

（1）通过观察，了解小乌龟的基本外形特征，能够用自己的方式表述小乌龟的特征。

（2）知道小乌龟的壳具有保护作用。

活动准备：

小乌龟、放大镜。

活动过程：

（1）开始部分。教师出示小乌龟，激发幼儿参与活动的兴趣。

引导语：我们一起看一看，小乌龟长什么样子？

（2）基本部分。

①看一看小乌龟。

幼儿分组观察，了解小乌龟的外形特征。

师：你们看到的小乌龟是什么样子的？

幼儿开始交流：

"四只脚，一条三角形的尾巴。"

"它的脸是红色的。"

"它的嘴巴是一条线，没有嘴唇。"

"我的乌龟是黑色的，他的乌龟是绿色的。"

"它的壳上面有图案，下面那块板也有图案。"

"它的脚有趾甲。"

"它身上的图案是线条的。"

"它走路和我们玩游戏爬垫子是一样的。"

师：小乌龟有没有鼻子？长在哪里？

幼：我用放大镜看，小乌龟的鼻孔变大了。

② 摸一摸小乌龟。

师：我们把乌龟请出来，摸一摸它！

幼儿又开始交流：

"它的壳是硬硬的。"

"它的尾巴软软的。"

"一摸它，它就会把头缩回去了。"

幼儿对乌龟的壳很有兴趣，总想着摸一摸，各种问题接踵而来……

"小乌龟的壳上有很多裂痕。"

"小乌龟的壳上是很多小格子。"

"小乌龟的壳大大的，像一个锅盖。"

"小乌龟的壳是粗糙的，有点扎手。"

师：你们知道它的壳有什么用吗？

幼：我知道，是用来躲起来保护自己的。

（3）结束环节。

幼儿将观察到的小乌龟的样子通过绘画的方式进行表现。

幼儿观察小乌龟（a）

幼儿观察小乌龟（b）

活动六：小乌龟喜欢吃什么

领域： 科学。

实施途径： 区域探究。

关键经验：

（1）观察过小乌龟，对小乌龟有初步的认识。

（2）材料准备：小乌龟、镊子、放大镜。

材料提供：

（1）青菜、饲料、肉松。

（2）小乌龟喂食记录表。

教师指导：

引导语：科学区里放了很多小乌龟的食物，它们喜欢吃什么，不喜欢吃什么呢？

幼儿讨论：

"喜欢吃米饭。"

"喜欢吃饲料。"

"会吃香肠。"

"可能超喜欢吃青菜。"

……

幼儿通过实验验证猜想并完成记录单。

幼儿尝试将不同的食物放到乌龟嘴边，看看乌龟会不会吃。

活动总结：

师：小乌龟吃了什么东西？

幼：它吃了饲料，也喝了水，但是它没有吃青菜。

师：小乌龟是一种杂食动物，会喜欢吃一些肉类，偶尔也是会吃一些其他食物的。

活动七：小乌龟睡觉吗

领域：科学。

实施途径：区域探究、亲子探究。

活动目标：

（1）知道小乌龟也要睡觉，了解小乌龟的睡觉方式。

（2）可以用自己的语言描述小乌龟睡觉的样子。

材料提供：

（1）经验准备：初步了解小乌龟的生活习性。

（2）小乌龟、放大镜。

教师指导：

（1）活动起源。在区域活动时，有幼儿看到小乌龟一动不动，就跑过来说："老师，小乌龟为什么不动了？"

幼儿纷纷跑过去观察。

（2）主要环节。幼儿讨论交流小乌龟不动的原因。

师：今天老师交给你们一个小任务，回家和爸爸妈妈一起查找资料，看看小乌龟是不是真的在睡觉。

第二天，幼儿带来了和父母一起收集的资料，绘声绘色地讲给大家听。

幼1：小乌龟睡觉的时候，有时候会缩进壳里，有时候会在外面。

幼2：小乌龟睡觉的时候没有声音。

幼3：小乌龟睡觉时，有时候会露出一条腿，有时候会缩进壳里。

幼4：小乌龟睡觉的时候，眼睛会眯起来。

（3）教师总结。幼儿通过观察以及和爸爸妈妈一起收集资料，知道了小乌龟也是要睡觉的，它们睡觉的方式是多种多样的。

活动八：小乌龟翻身

领域：健康。

实施途径：集体活动。

活动目标：

（1）了解小乌龟翻身的方法。

（2）会从小乌龟翻身的方法进行运动。

活动准备：

小乌龟翻身视频、垫子。

活动过程：

（1）开始部分。通过观看视频，了解小乌龟翻身的过程和方法。

师：小乌龟是怎样翻过去的？需要我们帮忙吗？

幼：会自己翻身，不需要我们帮忙。

（2）基本部分。

师：我们再来看一次，仔细观察乌龟翻身的时候用的是身体的哪些部位？它是怎么翻身的？（再次观看视频）

师：你们有什么发现？

幼1：小乌龟翻身的时候头伸得好长。

幼2：小乌龟的脚会伸出来，扶一下地板。

幼3：小乌龟翻身的时候，前脚会转一下。

师：有小朋友可以来垫子上模仿一下小乌龟翻身的动作吗？

一幼儿示范翻身，其他幼儿也各自模仿小乌龟翻身的方法。

师：请你们这些"小乌龟"从垫子的这头用乌龟翻身的方法翻去垫子的那头。

幼儿持续进行游戏。

（3）结束部分。幼儿在教师的带领下做放松运动。

活动九：小乌龟上山坡

领域：艺术。

实施途径：集体活动。

活动目标：

（1）能借助音乐，通过练习乌龟爬的动作表达自己的情感。

（2）熟悉歌曲旋律，并用身体动作感受一拍一下的节奏。

（3）能融入情境，以轻松、愉快的心情学唱歌曲，乐于参与歌唱活动。

活动准备：

山坡大背景图、小乌龟手偶、图谱一份。

活动过程：

（1）开始部分。感知音乐旋律，做小乌龟爬动作进场。（听音乐第一遍）

（2）基本部分。

① 故事导入，小乌龟爬山坡。

师：小乌龟住在山坡的下面，它的奶奶住在山坡的上面。今天，小乌龟要去看它的奶奶。（教师边讲述边演示小乌龟爬山坡的样子）

师：它是怎么去的呢？（听音乐第二遍）

② 歌词欣赏，理解歌词。

③ 学说歌词，熟悉歌曲。

④ 学唱新歌，体验快乐。

（3）结束部分。

师：奶奶看到小乌龟多开心哪！我们把小乌龟去看奶奶的事情一起来唱一唱吧！

活动十：小乌龟找家

领域： 社会。

实施途径： 集体活动。

活动目标：

（1）知道人和小动物都有自己的家，在自己的家里很快乐。

（2）简单了解小动物的生活环境，懂得保护大自然。

（3）有爱家的意识。

活动准备：

故事《小乌龟找家》课件，音乐《我有一个家》《我爱我的家》。

各种小动物图片（与幼儿人数相等，已粘贴好双面胶），预先布置好的场景（小河、草地、花园、森林）。

活动过程：

（1）开始部分。观看情境表演，引发幼儿兴趣，引出故事《小乌龟找家》。

（2）基本部分。

① 边欣赏课件，边倾听故事《小乌龟找家》，让幼儿初步了解一些小动物的生活环境。

② 幼儿讨论：小乌龟在找家的路上遇到了哪些小动物？它们的家各在哪里？小动物们在自己的家里心情怎样？

③ 游戏"送小动物回家"，进一步了解小动物的生活环境。

引导幼儿观察设置好的场景，介绍送小动物回家的方法。

幼儿玩"开火车"游戏，一个跟着一个按顺序取一张小动物图片，把小动物送到相应的场景中，粘贴在适当的位置。

（3）结束部分。讨论、体验、感受有家的快乐，培养幼儿保护大自然、爱家的情感。

活动十一：小乌龟穿花衣

领域：美术。

实施途径：区域活动。

活动目标：

（1）培养幼儿在规定范围内大胆涂色，做到涂色均匀。

（2）大胆绘画出小乌龟的外形特征。

（3）能呈现自己的作品，并能欣赏别人的作品。

材料提供：

（1）小乌龟图片（范画图示）。

（2）画纸、画笔等绘画工具。

教师指导：

（1）创设情境，激发幼儿兴趣。

（2）引导幼儿说出小乌龟的特征。

（3）教师讲解乌龟涂色的要求。

（4）幼儿动手操作，教师巡视指导。

（5）教师讲评作品，鼓励个别幼儿的创造性，增强幼儿的自信心。

《穿花衣的小乌龟》

七、探究流程

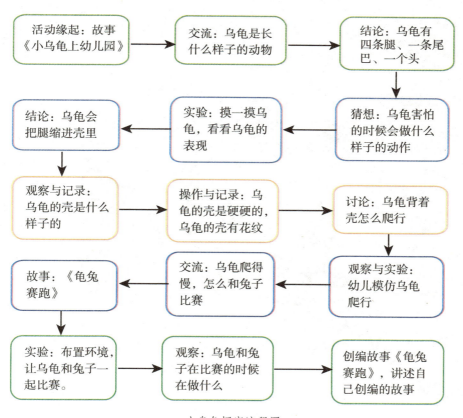

小乌龟探究流程图

活动缘起：故事《小乌龟上幼儿园》 → 交流：乌龟是长什么样子的动物 → 结论：乌龟有四条腿、一条尾巴、一个头

猜想：乌龟害怕的时候会做什么样子的动作

实验：摸一摸乌龟，看看乌龟的表现 → 结论：乌龟会把腿缩进壳里

观察与记录：乌龟的壳是什么样子的 → 操作与记录：乌龟的壳是硬硬的，乌龟的壳有花纹 → 讨论：乌龟背着壳怎么爬行

观察与实验：幼儿模仿乌龟爬行

交流：乌龟爬得慢，怎么和兔子比赛 ← 故事：《龟兔赛跑》

实验：布置环境，让乌龟和兔子一起比赛。 → 观察：乌龟和兔子在比赛的时候在做什么 → 创编故事《龟兔赛跑》，讲述自己创编的故事

八、探究纪事

（一）小乌龟的家

自然角里饲养了四只小乌龟，每天幼儿都很期待地去看乌龟，看乌龟爸爸、乌龟妈妈、乌龟姐姐、乌龟哥哥。幼儿就是天生的探究者，他们有自己想探索的方向。午饭后的自主活动时间里，幼儿围住了小乌龟，不停地讨论。

"乌龟爸爸伸长了脖子，它也想吃午饭吗？""看，乌龟妈妈站起来了，爬到箱子的边边上了，它是不是想出来散步哇？"调皮的小男孩大胆地把乌龟爸爸拿出来放在地上。一开始，乌龟缩起来，不敢动。一个幼儿说："它是不是很害羞哇？"不一会儿，又有幼儿大叫起来："快看，乌龟爸爸伸出头和脚啦。"乌龟爬了起来，幼儿也跟着兴奋地喊了起来。"不好了，乌龟要掉下楼梯了。""这样乌龟会很危险的，快放回箱子里去呀。"突然一个幼儿说："老师，乌龟要去有围栏的地方玩才会安全。"

于是，在区域活动时间里，建构区里又开始搭建"小乌龟的家""乌龟公园"……

幼儿拜访小乌龟的家

（二）乌龟妈妈不见了

幼儿发现乌龟妈妈不见了（乌龟妈妈死掉了），教师此时抛出问题：乌龟妈妈去了哪里？会遇到什么事情呢？这时候，教师只需要耐心等待，幼儿会带来各种不一样的答案："乌龟妈妈去上班了，要工作了。""乌龟妈妈可能去公园里玩了，忘记回家了。""乌龟妈妈会不会迷路了，找不到家了？""那我们等一下户外活动的时候去找一找乌龟妈妈吧。"于是，幼儿自己去探究、去寻找、去发现。每一天，幼儿都紧张地去看乌龟妈妈回家了没。

帮助小乌龟找妈妈

瑞士心理学家皮亚杰说过，儿童就是科学家。幼儿天生就是一名探究者，他们用自己的方式去探索周围的世界和建构他们自己的认知。教师始终是幼儿探究活动的组织者、支持者，教师要学会耐心等待，抓住教育契机，创设环境，提供材料，放手让幼儿自由探索。这样，幼儿才会在探究中发现问题，在探究中解决问题。

（三）我会照顾小乌龟

刚把带乌龟来园的任务分配下去，第二天，幼儿就带着小乌龟来了。幼儿围着小乌龟们，嘴里叽里呱啦地提出各种问题。

师：我们就在班里给它们安个家，慢慢地观察它们。

幼1：老师，乌龟喜欢吃什么？

幼2：老师，乌龟什么时候会饿？

幼3：老师，乌龟是怎样睡觉的？

幼4：老师，乌龟会打架吗？

幼5：老师，乌龟喜欢晒太阳吗？

幼6：老师，乌龟为什么走路那么慢？

幼7：老师，乌龟会咬人吗？

……

在观察小乌龟的过程中，发生了一件尴尬的事。

卓贤小朋友捏着自己的鼻子去质问舟舟："舟舟你是不是放屁了？怎么那么臭！"

舟舟一脸委屈地说："我才没有呢。"

旁边的葆葆说："我好像闻着是小乌龟呢。你看小乌龟拉屁屁了，水是脏脏的。"

乌龟拉屁屁了怎么办？

A. 不用管，任由乌龟在脏脏的水里生活。

B. 给小乌龟洗澡，并换上干净的水。

幼儿学习照顾小乌龟

九、探究评价

（一）科学探究

1. 好奇心与探究兴趣

幼儿通过实物仔细观察了小乌龟，对乌龟的外貌、外形特征以及乌龟的爬行都产生了浓厚的兴趣，会大胆地提出关于乌龟的各种猜想，并通过实验验证自己的猜想。幼儿从迎接小乌龟到认识小乌龟再到悉心照顾小乌龟，感受到生命的神奇，也体现了对生命的尊重和爱护。

2. 探究过程与探究能力

小班幼儿对周围事物充满了浓厚的兴趣，他们的探索主要通过看、听、摸等操作活动来进行，属于直接行动思维。他们在语言表达方面相对较差，不能完整、清晰地表达自己的操作和发现。幼儿持续了一个学期全面、系统地观察乌龟的养殖过程，会运用观察、实验、比较等方法探究和解决问题。在这一过程中，幼儿的探究能力有所提高。

3. 记录、表征与交流

在活动中，我们能感受到幼儿参与活动的兴趣和热情。幼儿善于发现，敢于用简单的语言将自己的发现表达出来。幼儿时常用语言交流，丰富了自己的词汇，还会大胆地创编故事，把自己的故事与伙伴分享。

（二）一举多得

1. 健康

学习模仿乌龟爬行，锻炼了大肌肉运动与精细动作，提高了身体各部位的协调和控制能力，从而达到了锻炼身体的目的。

2. 语言

幼儿的语言表达能力会伴随整个养殖观察过程，如对乌龟的外形特征、乌龟的行走动作等的表述以及幼儿会创编故事、讲述故事。这一系列过程体现幼儿语言表达能力的提升，培养了初步的前书写技能。

3. 社会

一是初步激发了幼儿仔细观察动物的兴趣，二是提高了幼儿解决问题的能力。在养殖照顾乌龟的过程中幼儿遇到了很多问题，如乌龟会摔下楼梯，他们就合作给乌龟搭建了房子、围栏等。在照顾乌龟的过程中，培养了幼儿的责任感；幼儿在活动过程中交流与协调，提升了人际交往能力。

4. 数学认知

幼儿学会了用点数的方法数出乌龟的数量以及乌龟腿的数量，会区分简单的图形，如圆形、三角形、正方形等。

5. 艺术

在感受与欣赏方面，幼儿用自己的语言描述了乌龟的形状、大小、颜色等，如"乌龟是小小的""乌龟是深绿色的"。欣赏了绘本作品后，幼儿向教师及同伴表达了自己的理解和感受。在表现与创造方面，如创编《龟兔赛跑》的故事，通过创编发挥想象力，表达可爱的童心。

十、探究感想

这是一场充满童趣的私人定制，活动因幼儿的兴趣而生，他们一开始关注的是乌龟最显性的特点——爬。随着对乌龟爬行的进一步观察，进而发现了乌龟的外形特征，生成了新的问题和活动，在猜测、观察、寻找答案、认证答案等一系列活动中，幼儿不断探究学习的方法，进一步亲近乌龟朋友。在幼儿的探究中，教师没有直接把乌龟的相关知识告诉幼儿，而是尊重幼儿的学习方式，激发他们的好奇心，保护他们的童心，提供给他们观察的机会，聚焦幼儿的关注点，引发他们更有针对性地思考，促使他们更深入地进行活动。对于幼儿萌生出给乌龟建房子的想法，教师也鼓励幼儿尝试。幼儿与乌龟朋友的故事仅仅是开始，更精彩的故事还等着他们去发现。

探究式科学主题活动的开展，一方面有利于培养幼儿的探究精神，让幼儿对小乌龟的外形特征、食性等有所了解；另一方面是情感教育活动，让幼儿学会尊重生命、爱护生命。在整个主题活动开展的过程中，受益的不光是幼儿，作为教师也受益颇多。在活动中，教师同幼儿一起发现、探索，在一个个疑问得到解决时，幼儿满足而欣喜的表情展现在教师的眼前。孩子们在认识小乌龟—了解小乌龟—照顾小乌龟的整个过程中，懂得了如何照料小乌龟、保护小乌龟。幼儿不仅热爱小乌龟，也会对其他小动物产生怜惜之情。主题活动结束后，班里的小乌龟被照料得很好，幼儿能够把学到的知识体现在自然角活动的饲养中，幼儿看着乌龟慢慢长大，也很欣喜，常常会跑到小乌龟面前看一看，和小乌龟聊聊天，小乌龟已经成为幼儿的新朋友。

生活用品篇

示例：肥皂之旅

（本示例适合中班）

一、探究缘起

在一次课间盥洗环节中，幼儿在厕所停留的时间比以往更长一些，只见筱清、馨予、施乐几个小朋友在用肥皂洗手后，并没有马上冲走手上的泡泡。有的在专注地观察着，有的尝试用吹的方式吹走泡泡，有的用力地甩着手上的泡泡，并针对这个有趣的现象展开了同伴间的讨论：

筱清：为什么用肥皂洗着洗着就变出了好多泡泡？

倩娴：你们过来闻一下，这是什么味道？

施乐：我洗完手了，我觉得我的手变得更干净啦！

馨予：我觉得这个泡泡好神奇哦，像冬天里的雪。

神奇的肥皂泡泡

　　肥皂产生的泡泡引发了幼儿的强烈好奇，于是我们围绕肥皂开展了问题大搜索，在科学区创设了"肥皂生成"的墙面，并将幼儿的问题一一梳理，了解幼儿的已有经验和兴趣点。肥皂的制作成了幼儿心心念念的实验探究体验，他们用五官去观察、探究，感受了肥皂的生成与变化过程……

二、探究目标

（一）认知

（1）运用看一看、摸一摸、闻一闻等感知肥皂的主要特征。

（2）能够了解肥皂的基本用途。

（二）技能

（1）学习制作肥皂的方法与步骤。

（2）尝试借助自然材料制作肥皂。

（三）情感

（1）体验制作肥皂的乐趣。

（2）感受科学技术给人们带来的便利。

三、探究网络

科学：知道肥皂的名称，了解其主要的特征和用途。
科学：能用较清楚的语言讲述自己的观察和发现。

科学：体验制作肥皂的乐趣，知道生活中很多资源都是可以利用的。
科学：通过观察和探索，发现肥皂有融化及凝固的物理现象。
艺术：对两种或两种以上的色素进行搭配选择，制作多彩的肥皂。
科学：能够寻找不同性质的材料，在制作肥皂过程中进行添加。
科学：分析肥皂添加材料后的变化过程。

肥皂的新朋友

彩虹肥皂

肥皂的用途

认识肥皂

制作肥皂

肥皂是什么

肥皂可以怎么做

肥皂可以做什么

肥皂之旅

肥皂吹泡泡

我会洗手

雕刻肥皂

我是肥皂小老板

科学：能够利用肥皂、水、玩具等材料制作泡泡水。
科学：愿意尝试用不同的材料，吹出泡泡。
健康：引导幼儿学习正确的洗手方法。
健康：培养幼儿勤洗手的好习惯，让幼儿懂得洗手的重要性。
艺术：尝试探索用牙签、塑料小刀在肥皂上刻画图案。
社会：能够主动对自己制作的肥皂进行介绍。
社会：体验商品买与卖的乐趣。

肥皂的探究流程图

四、环境创设

探究实录

记录墙

五、家园联系

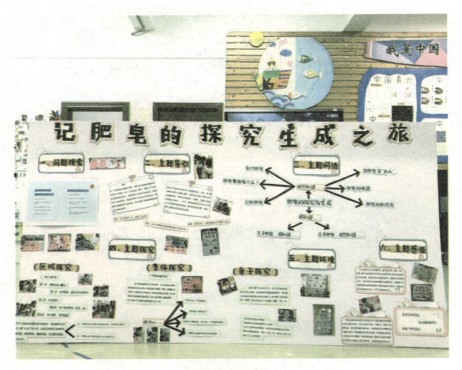

制作肥皂小花絮

家长与幼儿共同制作肥皂

六、活动设计

⌒ 活动一：认识肥皂 ⌒

领域：语言。

实施途径：集体探究。

活动目标：

（1）知道肥皂的名称，了解其主要特征。

（2）能用较清楚的语言讲述自己的观察和发现。

（3）培养幼儿对肥皂的好奇心，乐于大胆探究和实验。

活动准备：

（1）收集不同种类的肥皂，如透明皂、药皂、旅游皂、液体皂等。

（2）用肥皂水制作吹泡泡玩具若干瓶。

活动过程：

（1）激发兴趣，知道肥皂的名称。

（2）了解肥皂的主要特征。

认识不同类型的肥皂

① 出示不同种类的肥皂，请幼儿摸一摸、看一看、闻一闻，让他们知道肥皂是什么形状、什么颜色、什么味道，摸起来是什么感觉。

② 请幼儿互相说一说自己的发现，并鼓励幼儿比一比、看一看、闻一闻、摸一摸，说说它们有什么区别。

③ 幼儿讨论后教师总结：肥皂有各种各样的颜色、各种各样的形状、各种各样的味道。

活动二：肥皂的用途

领域：社会。

实施途径：集体探究。

活动目标：

（1）让幼儿在实践中感知肥皂的基本用途和使用方法。

（2）乐于参与活动，能大胆地表述自己的发现。

（3）激发幼儿积极探索的欲望，能相互交流探索的过程。

活动准备：

脏手帕一块、洗手盆、肥皂若干。

活动过程：

（1）出示脏手帕，引起幼儿的注意。

提问①：这块手帕干净吗？（启发幼儿观察手帕并没有洗干净）

提问②：那怎么办呢？（启发幼儿讲述要在手帕上擦点肥皂）

（2）教师进行操作，引导幼儿观察手帕是怎么洗干净的。

① 教师拿出一块干肥皂在手帕上擦了几下，可肥皂擦不上去。

② 教师在肥皂上蘸了一点水，擦在手帕上。

师：请小朋友看看，现在手帕洗干净了吗？

（3）向幼儿介绍肥皂的性质、用途和使用方法。

教师做启发性提问：手帕上的脏东西到哪儿去了？脏东西怎么会到水里去了呢？

（4）教师小结：肥皂碰到水后，就变得又黏又滑了。擦在手帕上，经过揉搓就会产生泡沫，手帕上的脏东西就被粘住带到水中，所以手帕就变干净了，而盆里的水却变脏了。

幼儿交流肥皂的用处

✎ 活动三：制作肥皂 ✎

领域： 科学。

实施途径： 区域探究。

关键经验：

（1）体验制作肥皂的乐趣，知道生活中的很多资源都是可以利用的。

（2）通过观察和探索，发现肥皂有融化及凝固的物理现象。

材料提供：

模具、皂基、量杯、搅拌棒、色素、油等材料。

教师指导：

（1）出示DIY肥皂的视频，幼儿观察制作步骤。

（2）教师引导幼儿回顾制作步骤，按照操作卡的导引图尝试制作。

第一步：把皂基放入量杯中。

第二步：加热皂基，直至溶化成液体。

第三步：均匀搅拌。

第四步：加入一种色素、一种植物油。

第五步：倒入模具，等待凝固。

（3）幼儿初步了解肥皂能够融化、凝固这一物理现象。

（4）观察肥皂融化、凝固的现象，并分析融化与凝固产生的原因。

体验制作肥皂的乐趣

∽ 活动四：彩虹肥皂 ∾

领域： 艺术。

实施途径： 区域探究。

关键经验：

（1）对两种或两种以上色素进行搭配选择，制作多彩的肥皂。

（2）能够分工合作，按照一定刻度放置材料。

材料提供：

模具、皂基、量杯、搅拌棒、多种色素、多种植物油等材料。

教师指导：

（1）选择2～3种颜色的色素，滴入玻璃杯，观察颜色的变化。

（2）引导幼儿进行猜想：如何让肥皂变成彩虹色的。

（3）幼儿论证猜想，进行多种色素的叠加操作。

（4）分享自己的方法，并与单色肥皂进行比较。

制作漂亮的彩虹肥皂

⌒ 活动五：肥皂的新朋友 ⌒

领域： 科学。

实施途径： 集体探究。

活动目标：

（1）能够寻找不同性质的材料，在制作肥皂过程中进行添加。

（2）分析肥皂添加材料后的变化过程。

（3）愿意与同伴一起合作、发现、探索。

活动准备：

模具、皂基、量杯、搅拌棒、色素、植物油、花瓣、枸杞、哈密瓜、芦荟等材料。

活动过程：

（1）出示"特别的肥皂"，激发幼儿兴趣。

师：老师的肥皂和我们平时见到的有什么不一样？

（2）根据外形特征、颜色、味道进行比较。

（3）幼儿设计属于自己的肥皂。

师：你想做一个什么味道的肥皂？

师：需要添加什么材料？为什么？

（4）幼儿进行操作，并观察添加材料后的肥皂有什么变化。

（5）师幼总结：材料的干湿度会影响肥皂的变化，添加的材料需要晒干，没有水分，肥皂才能保存。

设计特别的肥皂

⌒ 活动六：肥皂吹泡泡 ⌒

领域：科学。

实施途径：区域探究。

关键经验：

（1）能够利用肥皂、水、玩具等材料制作泡泡水。

（2）愿意尝试用不同的材料吹出泡泡。

材料提供：

肥皂、水、不同形状的玩具材料。

教师指导：

（1）教师出示用肥皂水制作的泡泡皂液。

提问：小朋友，你们知道吹泡泡的水是用什么做成的吗？

（2）向幼儿介绍材料，并鼓励幼儿利用肥皂制作泡泡水。

（3）游戏：吹泡泡。

① 教师吹泡泡，幼儿抓泡泡。

② 播放音乐《吹泡泡》，幼儿尝试吹泡泡，教师鼓励幼儿吹出又大又多的泡泡。

肥皂水吹泡泡

活动七：我会洗手

领域：健康。

实施途径：集体探究。

活动目标：

（1）引导幼儿学习正确的洗手方法。

（2）培养幼儿勤洗手的好习惯，让幼儿懂得洗手的重要性。

活动准备：

洗手七步法挂图、自制肥皂、脸盆、毛巾。

活动过程：

（1）引导幼儿认识手的基本特征。

（2）讲述故事《不爱洗手的娃娃》。

提问①：妞妞为什么会肚子疼，妞妞昨晚做了什么事情不洗手？

提问②：什么时候我们需要洗手？

（3）教师演示七步洗手法，引导幼儿学习正确的洗手方法。

① 幼儿根据自己的已有经验讲述洗手的方法与步骤。

② 师幼小结洗手的方法与步骤。

（4）请1~2名幼儿演示洗手。

（5）根据图片创编儿歌。

（6）幼儿到盥洗室进行洗手。

跟老师学习七步洗手法

⌒ 活动八：雕刻肥皂 ⌒

领域：艺术。

实施途径：区域探究。

关键经验：

（1）尝试探索用牙签、塑料小刀在肥皂上刻画图案。

（2）鼓励幼儿大胆表现、创作，发展幼儿的想象力、创造力及动手能力。

材料提供：

牙签、塑料小刀、自制肥皂。

教师指导：

（1）欣赏不同形状、花纹、图案的肥皂，开拓幼儿的思维。

（2）幼儿操作：肥皂大变身。

① 介绍材料。

② 操作时要注意的事项。

③ 幼儿自由操作。

（3）对雕刻好的肥皂作品进行欣赏与分享。

小小雕刻家

﹏ 活动九：我是肥皂小老板 ﹏

领域：社会。

实施途径：亲子探究。

活动目标：

（1）能够主动对自己制作的肥皂进行介绍。

（2）体验商品买与卖的乐趣。

（3）进一步促进幼儿的社会性发展，使他们能主动大胆地与人交往。

活动准备：

制作好的肥皂、包装袋、篮子、架子等材料。

活动过程：

（1）幼儿与家长合作，对不同形状、大小、味道的肥皂进行分类，并简单制定规则。

（2）向"顾客"介绍肥皂的名称、组成材料与作用。

（3）根据价格，与"顾客"进行简单的卖与买。

（4）介绍制作肥皂的方法与步骤，邀请"顾客"体验制作肥皂。

（5）对卖出的肥皂数量与最后的收入进行统计。

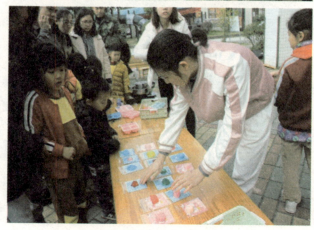

买卖肥皂乐趣多

七、探究流程

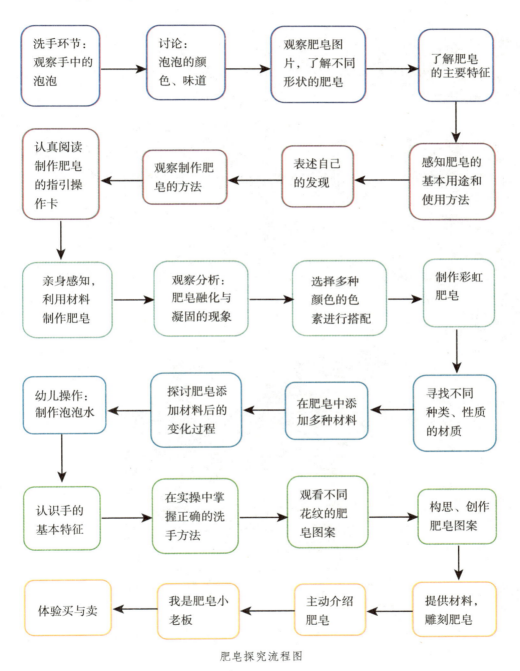

肥皂探究流程图

八、探究纪事

（一）小探索，大发现

幼儿园科学教育目标，包括科学知识、科学方法和科学情感态度三个方面。发展幼儿的好奇心和探究兴趣，培养幼儿积极的科学情感和态度，是幼儿园科学教育的目标之一。

自制创意手工皂活动逐渐演变成班里的一个特色活动，而活动的产生来源于幼儿在日常生活中的好奇心与求知欲。在一次课间洗手环节中，幼儿围在一起小声地嘀咕着，原来是对搓手时产生的泡泡产生了浓厚的兴趣，并产生了"十万个为什么"：

"为什么用肥皂洗着洗着就变出了好多泡泡？"

"为什么只是白色的，没有我喜欢的粉红色？"

"为什么洗完我的手会干净起来呢？"

"为什么闻起来香香的？"

肥皂洗手乐趣多

这样的对话往往会被忽略，或者教师会下意识地侃侃而谈自己的答案。相比小班幼儿，中班幼儿的好奇心、求知欲和自主性进一步发展，他们可能更愿意自己探索，因而对教师的直接解答或讲解阐释要么被动接受，要么不予理睬。所以不妨让幼儿带着问题，动手操作一番后去探索和发现。

于是，教师就和幼儿对"自制创意手工皂"这个话题展开了前期讨论。教师对幼儿"我想制作……"的计划进行记录后，在科学区投放了相应的材料：模具、皂基、量杯、搅拌棒、色素、油等，让幼儿对材料有初步认知后，鼓励幼儿进行制作。

在首次制作手工皂时，教师先出示了操作示意图，施乐、馨予能够根据图片或符号，主动向同伴进行简单的介绍。

第一步：把皂基放入量杯中。

第二步：加热皂基，直至溶化成液体。

第三步：均匀搅拌。

第四步：加入各种牛奶、色素、油。

第五步：倒入模具。

自制手工皂（a）

自制手工皂（b）

在等待凝固的过程中，静雯、宥燊开始了讨论："你说现在它是什么味道的？""不知道摸起来是怎样的感觉？""它已经从软软的变成硬硬的。"看着他们脸上的疑问，这个答案从教师的嘴里脱口而出。"噢！我们知道了。"于是教师看着他们脸上挂着的"兴趣"开始慢慢减少……

创意手工皂

《幼儿园教育指导纲要》指出，教师要尽量创造条件让幼儿实际参加探究活动，使他们感受科学探究的过程和方法，体验发现的乐趣。幼儿科学探索的本质是探究。教师首先要认同幼儿是有自主性的个体，相信他们具有独立探究的能力。其次，教师不能直接给予幼儿答案或给幼儿讲解有关科学原理，而要让幼儿自己动手动脑。

如在幼儿提出疑问："不知道摸起来是怎样的感觉？"教师把问题抛回给幼儿："我也不知道，你有什么好办法吗？"让幼儿在不断地思考、探索中运用嗅觉、触觉、视觉去感知经验。当这群"小科学家"兴奋地把获得的答案告诉老师时，不仅有助于幼儿科学经验和科学方法的获得，更能启发幼儿的思维，培养幼儿的独立性。

一次简单的实验操作，一次启发，一次反思，不经意间的一句话、一个行为，都可能是幼儿小小的探索世界里发现的大"宝藏"！

（二）肥皂的"新衣"

在"肥皂的新朋友"区域探究中，幼儿在制作了几次单色与彩虹肥皂后提出，"我想做一个不一样的肥皂"。随后幼儿开始商量可以在肥皂里加入什么东西。

但最初幼儿并没有大胆地说出自己的想法，直到盈盈小声提出"老师，我想摘几片花瓣"后，其他的幼儿才开始行动，大胆地说出自己的观察，并对"我喜欢什么样的肥皂"进行寻找、添加。在区角里、在植物角里，试一试加入了"新朋友"的肥皂有什么不一样。

肥皂的新朋友（一）（a）

肥皂的新朋友（一）（b）

"我可以做一个花瓣肥皂。"

"我找到了两颗枸杞，那就做一个花瓣枸杞肥皂。"

"我的是叶子肥皂哦。"

"我要让我的肥皂有哈密瓜的味道。"

肥皂的新朋友（二）

在这一次的探究活动中，教师通过引导，让幼儿把自己的设计与操作相结合，进一步提升了实验的层次，体现了幼儿在"肥皂生成"操作中的层次性，从而让幼儿在验证过程中认识、了解材料的味道、湿度、形态等元素将会影响结果。

九、探究评价

幼儿在共同探究和互动的过程中，开始建构有关制作肥皂的经验与概念。

（一）科学探究

1. 好奇心与探究兴趣

幼儿能够关注到肥皂与其他材料之间的联系和变化，能够喜欢动手动脑地操作与创新肥皂，感受制作肥皂的乐趣。

2. 探究过程与探究能力

幼儿能在探究过程中有序、有方法地观察肥皂的外形特征，能用比较的方法探究肥皂产生现象的异同，如通过观察和探索，发现肥皂有融化与凝固的物理现象，并在制作肥皂的过程中进行验证。

3. 工具的使用与探究经验

在制作肥皂的过程中，幼儿能在熟悉制作材料的基础上，学习使用简单的工具有步骤地进行探究，如量杯的刻度、模具的使用等，从而积累科学经验。

4. 记录、表征与交流

幼儿在探索过程中，能够运用图画、简单符号记录探究过程，幼儿在理解横向与纵向之间的信息联系后进行记录并获得信息。

（二）一举多得

健康：幼儿能掌握正确的洗手方法，同时培养了幼儿勤洗手的好习惯，让幼儿懂得洗手的重要性。

语言：知道肥皂的名称，能够了解其主要特征，能用较清楚的语言讲述自己的观察和发现。

社会：能够主动对自己制作的肥皂进行介绍。体验商品买与卖的乐趣，在体验过程中进一步促进幼儿的社会性发展，使他们主动大胆地与人交往。

艺术：对两种或两种以上的色素进行搭配选择，制作多彩的肥皂。在"雕刻肥皂"活动中探索用牙签、塑料小刀在肥皂上刻画图案，让幼儿进一步大胆表现、创作，发展了幼儿的想象力、创造力及动手能力。

十、探究感想

整个科学活动过程中，幼儿主动的发现、专注的观察、积极开动小脑筋的思考、稚嫩无忌的语言交流、寻求成人无法预知的解决问题方法、运用成人不可能想象的材料去假设实验的进步与变化，都具有在科学活动中赋予幼儿学习能力的意义。

同时，教师通过观察也发现，幼儿逐渐能够用简单的句子进行总结，但往往是具体的、零散的、带有个性特征的，是对实践操作的认知，并借助记录来对肥皂变化进行对比，同时也能为科学活动进一步提出新的方向，以引起幼儿更进一步的实验探究。幼儿操作，支撑自主学习与发现，使幼儿在轻松自由的状态下主动建构知识，在探究中发现，在操作中表达。

活动过程中，家长的参与和加入也让整个活动变得更加完整。能够跟随幼儿的脚步一起发现、一起探索，让这趟"肥皂之旅"变得更加有意义。

加了新朋友的肥皂